U0868538

新媒体视域下中国传统文化对外传播探究

李　静◎著

文化发展出版社
Cultural Development Press
·北京·

图书在版编目（CIP）数据

新媒体视域下中国传统文化对外传播探究 / 李静著
. — 北京 : 文化发展出版社，2023.11
ISBN 978-7-5142-4080-1

Ⅰ. ①新… Ⅱ. ①李… Ⅲ. ①中华文化－文化传播－
研究 Ⅳ. ① G125

中国国家版本馆 CIP 数据核字 (2023) 第 167583 号

新媒体视域下中国传统文化对外传播探究

李 静 著

出 版 人：宋 娜
责任编辑：岳智勇　　责任校对：侯 娜
责任印制：杨 骏　　封面设计：守正文化
出版发行：文化发展出版社（北京市翠微路 2 号 邮编：100036）
网　　址：www.wenhuafazhan.com
经　　销：全国新华书店
印　　刷：天津和萱印刷有限公司

开　　本：710mm × 1000mm　1/16
字　　数：200 千字
印　　张：10.5
版　　次：2024 年 9 月第 1 版
印　　次：2024 年 9 月第 1 次印刷

定　　价：72.00 元
I S B N：978-7-5142-4080-1

前 言

文化作为一种软实力已引起世界各国的极大关注，文化碰撞也日趋激烈，文化传播的手段不断涌现。随着新媒体时代的到来，媒介传播的形式和方式发生了翻天覆地的变化。传统的传媒形式逐渐被取代，新媒体平台不断出现，人们在社交媒体如博客、微信等新媒体平台上自由表达信息、分享经验和观点。在这样的时代背景下，我们需要借助新媒体的力量来更好更全面地传播传统文化。同时，新媒体也给文化传播带来了挑战，如何在新媒体视域下更好地传承、传播和弘扬中国传统文化是本书所需要探讨的问题。希望通过本书的研究和探讨，笔者能够更深入地了解传统文化在新媒体时代下的传播情况，为传承和推广中国传统文化做出更好的贡献。

全书共五章。第一章为新媒体概述，主要阐述了新媒体的定义、新媒体的本质、新媒体的分类、新媒体的发展历程、新媒体传播的特点等内容；第二章为中国传统文化对外传播概述，主要阐述了中国传统文化的相关内容、中国传统文化对外传播的理论基础、中国传统文化对外传播的重要意义、中国传统文化对外传播情况等内容；第三章为新媒体视域下中国传统文化对外传播的机遇与挑战，主要阐述了新媒体视域下中国传统文化对外传播的机遇、新媒体视域下中国传统文化对外传播的挑战等内容；第四章为新媒体视域下中国传统文化对外传播的模式分析，主要阐述了论坛式传播、学院式传播、虚拟式传播等内容；第五章为新媒体视域下中国传统文化对外传播的策略探讨，主要阐述了国家层面、传媒层面、社会层面、个人层面四个层面的策略。

在撰写本书的过程中，笔者借鉴了国内外很多相关的研究成果，在此对相关学者、专家表示诚挚的感谢。

由于笔者水平有限，书中有一些内容还有待进一步深入研究和论证，在此恳切地希望各位读者朋友予以斧正。

目 录

第一章　新媒体概述

新媒体是伴随着科技进步而发展起来的一系列新兴媒体的统称。新媒体越来越受到人们的关注，业界的繁荣、社会的重视也促使学界对新媒体的研究逐渐增多。本章分为新媒体的定义、新媒体的本质、新媒体的分类、新媒体的发展历程、新媒体传播的特点五部分。

第一节　新媒体的定义

20 世纪 70 年代，“新媒体”（New Media）这一概念最早出现在美国，是由当时哥伦比亚广播电视网技术研究所所长歌德马克（Goldmark）提出的，新媒体随后成为一个新名词在全世界传播开来。①

从新媒体与传统媒体的关系来看，新媒体是借助网络技术和移动通信技术向社会大众提供信息服务的新型媒介。在学术界有很多学者将其视为一个相对的概念，是随着时代发展而演变出来的一个概念。

从新媒体的研究范围来看，可以分为广义和狭义两个方面。通常来说，广义的新媒体以互联网技术、数字技术为核心。而从狭义角度来说，新媒体与传统“旧媒体”有着很大的区别，它主要是指依靠互联网和手机等媒介进行传播的移动互联网媒体。在传统媒体下，人们通过报纸、广播等媒介传递信息，而新媒体是借助互联网、通信技术进行信息传播，并且在传播信息以及沟通共享信息方面的速度快于传统媒体，当然在未来还会更快。

事实上，新媒体的发展都是以技术为出发点，逐渐扩大到整个大环境的发展。也就是说，新媒体最初利用技术手段获取大众的关注，随后进一步影响整个客观环境。

① 谭天．新媒体新论[M]．广州：暨南大学出版社，2013．

随着新媒体技术的不断发展，世界也开启了新媒体时代。新媒体时代就是人类社会发展到一定阶段所形成的，主要是依靠互联网技术、数字技术以及移动通信技术创建一个跨越全球的、全面开放的信息时空。

第二节　新媒体的本质

一、促进大众文化传播

大众文化的传播离不开传媒，大众文化本身就是伴随着媒体而产生的。传媒是人们进行社会认知、是非判断、价值观养成的重要信息来源，它能够使大众文化转化成为受众所认知的社会文化。随着新媒体服务功能的日渐完善，服务内容的逐渐丰富，其社会影响力也成倍增长，其文化传播及文化娱乐等功能也在不断增强，尤其是互联网与手机等传播平台的开放性日益凸显，使得文化资源不再由某人独享，技术的创造力、文化的生产力不断提升。新媒体打破了传统的文化结构和秩序，让普通大众可以在网上随时浏览新闻、学习知识，并就某些热点事件发表评论，打破了原有文化圈子“等级”和“秩序”的羁绊，为普通大众提供了在网络新媒体平台上展示自我与提升自我的可能性和现实性。如快手、抖音等网络直播平台，粉丝基底强大，参与度较高，有众多的主播聚集于此，一些网络歌曲和短视频可以利用这些平台短时间内迅速走红并在网络上流行。可以说，新媒体传播平台的建立和兴起，逐渐改变着人们的日常生活方式，使得文化消费市场日渐繁荣，文化产品的生产创作环境得到进一步改善，涌现了很多文化的创新开拓者和新作品，使得普通民众的文化生活更加丰富。新媒体传播的互动性特征使其传播的内容不断向平民化方向发展，传播者和受众之间的交流也日趋平等，从而进一步促进了新媒体传播样态的创新发展。新媒体的数字化和开放性特征，使网络文学的活力进一步增强，其个性化特征进一步彰显，促使网络文学繁荣发展，并成为新的文学发展领域，同时，也使得网络电视剧得到快速发展。人们可以不受时间和地点的限制，随意观看点播，在公交、地铁上用手机观看网络视频和电视剧已然成为一种常态。

二、引导社会舆论及宏扬社会主义核心价值观

舆论是人们对共同关注的话题而形成的比较一致的态度和强烈持久的意见，它既可以由相关组织或群体利用有关力量进行刻意的引导形成，也可以由一般民众自愿自发地关注评论慢慢发酵而成，而媒体在舆论传播过程当中发挥着重要的引导作用。新媒体的传播格局不同以往，新媒体的开放性、互动性以及隐匿性等特点，促使舆论事件快速发酵，最终形成舆论的辐射性爆发，引导舆论的难度较高。

新媒体对于舆论的影响具体表现为两个维度。首先，新媒体能够促进舆论生成。新媒体环境下对于每个用户而言，成为舆论主体的机会是均等的。现实生活中，每个人都有意愿和需求通过某种渠道去表达，但传统媒体显然无法及时体现每个人的观点，其时效性也无法与网络舆论相比。新媒体使每位网络用户都有发言的机会，用户之间还可以就某些观点相互交流，使即时交流成为现实。新媒体用户也成为舆论的组织者，通过自己建立微信群、QQ 群等方式组织相关成员就某一问题进行讨论，并形成一致观点。其次，新媒体能够加速舆论发酵。一般来说，通过自觉自发形成的舆论都很难产生较大的声势和社会影响，形成发展的速度相对来说也比较缓慢。制造舆论的主体为了达到舆论快速发酵的目的，通常会通过媒体、人员进行宣传引导等各种方式加快舆论发展，从而在社会上造成较大影响。所谓制造舆论，就是把人们分散的意见、每个人内心中最真实的想法诱发出来，并进行有效整合，从而形成社会整体的、显性的公开意见，并能在社会上造成广泛影响。新媒体的迅捷性、互动性可以使个人意见呈爆炸性、辐射性传播，从而能够加速舆论的形成和传播。当然，由于新媒体用户基数较大，并呈几何级数增长，而且信息传播快捷，这就使得舆论的生成、传播及引导变得极其复杂而难以把握。

核心价值观向来都是一个民族生生不息的精神力量和一个国家的灵魂内核。新媒体可以承担更多的社会责任，通过高效的信息传播、正向的舆论引导以及社会监督、公益事业等方式为社会服务，从而在中国特色社会主义核心价值体系建设中发挥重要的作用。一方面，新媒体以其信息传播的广泛性、迅捷性等特点有效引导舆论，弘扬主旋律，强化社会主义核心价值观。另一方面，可以利用新媒体即时性的特点，在报道公共事件时，激发普通民众的爱国主义情感和民族精神，

从而形成和谐的社会风尚。

三、促进人们交往方式的变革

新媒体以网络信息技术为基础，构建了网络虚拟社会，延伸了现实社会生活领域，不仅改变了传统社会人们的生活习惯、生产方式，还拓展出了一个人们进行生活交往的虚拟空间，使人们的交流、联络方式和社会生活方式发生了根本转变。新媒体在网络信息技术的支撑下，通过时空的延展，构建了网络社区、论坛、贴吧等虚拟的日常生活世界。原有的、单一的物理生活世界，逐渐向现实与虚拟共存的双重生活空间转换，传统社会人们精神生活的固有模式发展变化。新媒体不再受时间和地域的约束，形成了一种新的、跨越时空的网络交往方式，网络社会中人们的交往不仅有亲属、同学之间的交往，还有陌生人之间的交往，这种交往模式突破了传统社会中血缘与族缘的制约，扩大和丰富了原有的社会关系。网络新媒体改变了人们的社会交往模式，原来是以“人—人”为主，主要是“点对点”交往；现在是以“人—媒介—人”为主，既有“点对点”“一对一”，也有“点对面”“一对多”的交往。此外，新媒体也改变了传统社会资源的分布格局，进一步推动了社会组织方式的变革。

第三节　新媒体的分类

一、从物理载体划分

按照传播信息的物理载体，可以将新媒体的类型分为以下三类：手机媒体、数字媒体、户外新媒体。

（一）手机媒体

1．手机媒体的含义

什么是媒体？它是指用于承载、传递信息的媒介，简单来说就是信息宣传平台。匡文波在《手机媒体：新媒体中的新革命》一书中，提道“媒体又称媒介、媒质，是承载信息的载体”。[1] 那么，什么是手机媒体？手机媒体即传递信息的平台。关于如何定义手机媒体，学者们早已经做出了回应。黄传武学者认为手机媒体可以视为网络媒体的拓展，其依托手机这一载体来传递信息资源。[2] 匡文波认为手机媒体是将文字、音频、图片、视频等多形式媒体信息通过手机进行传播的媒介。[3] 还有学者从狭义和广义两个角度来定义手机媒体。从狭义上来看，手机媒体作为移动信息终端，依托移动通信技术来传输信息；从广义上来看，手机媒体属于一种新媒体，是基于通信网络及手机终端实现信息传播的媒介，在媒体内容提供商、信息服务提供商与手机网络运营商的相互配合下，通过图像、音频、文本方式呈现所传输的信息，且其传播效果具备指向性。[4] 早在 2009 年 2 月，中国互联网络信息中心（CNNIC）发布了《中国手机媒体研究报告》，其中对手机媒体作出了界定，它是借助手机这一载体，以不同的呈现方式来传递信息资源的媒介。

根据以上观点，可以将手机媒体视为网络媒体的扩展，它也是新媒体的一个构成部分，并具有自身独特的优点，借助移动网络实现资源信息的高效传递，为人们提供了便捷交流的平台，增强了人们之间的联系。

2．手机媒体的特点

（1）便携性

由于手机媒体体积较小，人们可以随身携带，使用方便，真正做到了“走到哪里带到哪里”，相较于传统媒体，手机媒体因其具有高度的便携性而广受欢迎，同时，手机媒体能够打破时空的局限性，使受众在任何时间、任何地点都能在手机媒体的各类平台上发布、浏览、搜索满足自我需求的信息内容，为广大受众提供了切实的方便。无论是在校园里行走的学生，还是在街道上走动的人群等，我们都可以经常看到他们运用手机浏览各类信息，只要在移动网络涉及领域内，用户在任一状态下都可以随时运用手机媒体与他人沟通交流，非常方便。对大学生而言，他们也可以随时随地运用手机搜集学习信息资料，帮助他们解决学习上的

---

① 匡文波．手机媒体：新媒体中的新革命 [M]．北京：华夏出版社，2010．

② 黄传武．新媒体概论 [M]．北京：中国传媒大学出版社，2013．

③ 匡文波．手机媒体概论 [M]．北京：中国人民大学出版社，2006．

④ 朱银端．网络道德教育 [M]．北京：社会科学文献出版社，2007．

困惑。正因为手机媒体具备高度的便携性，这些才成为可能。

（2）交互性

交互性意味着信息传递者与信息接收者借助手机媒体这一平台交流互动。传统媒体的信息传播方式多为单方面进行的，需要媒体专业工作人员对所要发布的信息内容进行编写并认真校订，在此种方式下，信息接收者只是被动接收消息，而不能将反应、意见等传输给信息发布者，二者并不能实现沟通交流。进入手机媒体时代，传递信息的方向不再受限制，有多种选择，每一手机用户都可以成为信息传播的主导者，不再是传统媒体主导的局面。例如，当前比较受欢迎的手机媒体直播平台，手机主播在其直播间里可以与观众随时交流，实现一对多的信息传递。手机媒体下每一用户都具有受众和传播者双重身份，当手机媒体使用者浏览微博信息、新闻消息时是手机媒体的受众，当手机媒体使用者进行评论、发布信息时则是传播者，可以取得良好的交互效果。

（3）即时性

随着网络技术的迅速发展，特别是5G网络时代的到来，手机媒体信息获取与传递更为便捷。用户使用电脑获取信息必须连接有线网络或者Wi-Fi，倘若用户离家在外，此时获取信息只能连接无线网络信号，但不能确保每个场所都覆盖有无线网络信号，此时获取信息就会受到较大的限制；然而，利用手机媒体上网获取信息是即时的，只要在移动网络信号覆盖的场所内，用户就可以运用移动数据网络随时获取即时的动态信息内容。只要在移动信号覆盖的场所内，生活中的大事小情，用户都可以通过手机媒体即时了解。另外，用户也可以借助手机微信、手机微博等社交软件即时地与亲朋好友沟通联系。当发生紧急危险事件时，用户可以利用手机媒体即时传递信息，以便获得即时的帮助。手机媒体的即时性突破了时空的限制，促进了手机用户间的交流，拉近了用户间的距离。

（4）休闲娱乐性

当前，人们面临着诸多方面的压力，手机媒体的休闲娱乐功能在一定程度上为人们缓解压力提供了便利。手机媒体上有较多的娱乐内容，如影视视频、录音录像、小说、音乐、游戏等。

（5）多媒体性

手机媒体的各种功能在一定程度上整合了传统媒体的内容及形式，例如，手机视频继承了传统电视的功能等，还具有自身独特的优势，通过一对一、一对多、多对多的方式传播信息，迎来了全媒体传播时代。而随着科学技术的不断进步，移动网络的不断发展，基于移动网络的手机媒体也在不断变革更新，它已经实现了在线视频聊天、线上支付、出行规划、网络购物、观看影视视频、在线收听电台新闻等多种功能，多媒体性不断显现。

（6）私密性

手机作为一种私密性较强的媒介，是个人化的使用工具，它是一种私人物品。每一用户对手机都具有较大的控制权，即使许多用户拥有同样的手机，他们也会基于自身喜好与需求来操控手机媒体，他们会使用不同的手机应用，以至于它们所发挥的功能不同。例如，有的手机媒体用户喜欢观看影视剧，他们会下载影视类手机应用；有的用户喜欢网络购物，他们会下载购物类手机应用等。同时每一手机用户都可以发布一些具备自身个性的信息，并在手机终端实现分众化、个性化传播，手机媒体满足了用户的个性化需求，成了私密性较强的私人媒体。

（二）数字媒体

数字媒体是数字技术设备的总称。广播、电视和投影仪是最常见的数字媒体，最新的 VR 虚拟现实以及 AR 增强现实也属于这个范畴。数字媒体的主要特征是信息以数字的形式记录在载体内，从而实现信息的写入、读取、处理、传输等过程。数字媒体在很多情况下与网络媒体相结合，为我们的日常生活提供信息服务。

1．数字媒体的内涵

人类文明总是与媒体的发展紧密相连，在古代，从“结绳记事”到后来书籍的传播，再到活字印刷术的发明和现代大众传媒的兴起，人类文明紧密交织在一起，在传媒的改革和更新中不断发展。在拉丁语中，媒体被翻译为“介于两者之间”。除了直接用身体表达和口头交流外，人们总是需要使用一些物质载体或技术手段来传播信息。媒体一般是指信息的载体，包括语言、文字、图像、动画、声音等形式，从古代苏美尔人绘制的泥匾或古埃及人在金字塔墓穴中雕刻的石头壁画，再到当代城市生活中常见的手机、平板电脑等，具有公共性的电影和电视节目都属于媒体范畴。

媒体具有更广泛的含义，第一层指的是带有传播信息功能的实体和物质，第二层指的是参与信息收集、处理、制作和传播的社会组织，如媒体机构。人类文明的传承和快速发展离不开媒体的进步，媒体是信息传播活动的重要组成部分，更深刻地理解为人们所处的技术环境是媒体的核心。

数字媒体从广义上来看，是当今信息社会的技术延伸或数字化信息传播方式，是社交媒体、推送媒体、互动媒体、流行媒体的总称。从狭义上来看，数字媒体是信息的表示形式。数字媒体的基本属性可从两个方面来定义：一是从技术角度看，数字媒体作为一种软件形式，具有模块化、超链接、数字化、智能响应和分布式等特征。二是从用户角度看，数字媒体具有参与性、虚拟性、沉浸感和交互性等特征。数字媒体意味着一种新的艺术形式，结合了基于数字技术和现代媒体人的智力和艺术思维。它还伴随着 20 世纪末数字科技与艺术设计融合的趋势，数字媒体启发了受众对世界的新体验。

现代艺术最好的表达舞台当属媒体，时尚设计、创意产业、数字娱乐与媒体媒介和传播密切相关。数字媒体是视觉传播的工具，是当下社会基于数字形式的传播。相同的，如互动影像、装置艺术、虚拟博物馆设计等都成为一种有吸引力的艺术形式，数字媒体为这些试验性艺术提供了展示舞台，每一种新媒体的出现，都为人与社会生活的互动开辟了新的途径。在艺术表达展示和与受众沟通方面，数字媒体是不可或缺的智能帮手。数字媒体作为一种多媒体信息综合体，它成为所有用户终端的信息来源，从传播学的角度来看，数字媒体超越了技术层面的概念，而是信息传播的更全面表达。

2. 数字媒体的特征

数字媒体主要通过声音、动态影像、视频等具有交互性的形式传达信息，具有直观性和动态感。数字媒体融多种媒介于一身，借由多端口传递信息，具有大众化、通俗化的特点，使人们能够更加便捷地接收到各种信息，体验到各类文化等。数字媒体以计算机技术为基础，融合了艺术化的形式，并汲取社会、人文等学科的知识，是多学科综合运用的产物，具有数字化、虚拟性、交互性、大众化、多元化的特点。

（1）数字化

数字媒体以“数字”命名，足以说明其数字化的属性。数字媒体依托数字技术进行创作，它的表现内容与形式也会随着科技的发展而不断更新。数字媒体的创作过程与表现形式或多或少会有数字技术的参与。数字媒体融合了计算机技术、信息处理技术、数字网络技术等技术领域，通过计算机软件和网络交互平台处理文字、图像、声音等信息，化抽象的信息为易理解、可感知和可互动的表现形式。数字媒体的创作过程与最终呈现形态都依赖数字工具与语言，它脱胎于计算机与信息处理平台，经互联网、移动客户端等多端传播，最终以数字化的形态来呈现。

（2）虚拟性

当代学者吴伯凡曾指出："当我们用手指来操作键盘和鼠标时，我们实际上是在用数字来虚构一个世界……0 和 1 这两个存在于虚拟世界的数字，却可以作为一种特殊的'材料'来构造一种有声有色的'现实'。"脱胎于计算机技术的数字媒体艺术同样具备了这种虚拟化的特征，借助数字技术能创造出虚拟形象、虚拟空间场景甚至是虚拟现实世界。

虚拟形象的创造可以为人们带来更多的心理依托。影片《侏罗纪公园》利用三维动画技术将消失了几亿年的恐龙形象重现……《哈利·波特》系列电影运用计算机图像处理软件创造出想象中的魔法世界，以语音合成程序为基础生成的日本虚拟歌手初音未来等无数依靠数字技术生成的虚拟形象为人们带来了丰富的精神世界。

虚拟空间场景更多地用于舞台效果的升华、电影电视场景的拓展、公共空间氛围的营造等方面。舞台剧《三毛从军记》就是传统舞台与数字媒体艺术结合的产物，利用计算机图像处理技术呈现出虚实相生的舞台效果；再有虚拟演播室，将传统的色键技术与计算机技术结合起来形成了一种新的视觉效果；还有就是将数字艺术与传统建筑相融合，如韩国首尔的数字媒体公共装置"Wave"利用数字编程技术在 LED 屏上模拟出了海浪在建筑内汹涌翻滚的惊人效果。这些领域通过数字媒体艺术的介入形成了更丰富的视觉效果，给人们带来了更多元的视觉享受。

正如美国计算机科学家尼古拉斯·尼葛洛庞帝（Nicholas Negroponte）所言："虚拟现实能使人造事物像真实事物一样逼真，甚至比真实事物还要逼真。"就拿虚拟现实技术在建筑学中的应用来说，通过在虚拟现实空间的通感与体悟，建筑师融外部环境、建筑与人的感受于一体，并结合自己的经验感受，创造出一种生命体内在的、有机的空间序列，使得整体呈现出一种和谐。虚拟现实技术能够制造“沉浸感”，使人在虚拟空间中形成逼真的视觉感受，进而刺激其他维度的感官作用，形成更丰富的体验效果。

（3）交互性

交互性有三个层次的含义，其一，针对虚拟空间，人可以通过设备的输入、输出与虚拟世界进行互动；其二，针对现实空间，人可以通过感应、触碰等行为激发传感器、接收器和计算机构成的系统运作；其三，针对信息传播，计算机这个传播媒介能够发送与接收信息，因此可实现信息的双向传播。数字媒体的交互性正在于此，由于观众的参与方式与控制手法不同，最终的呈现效果具有极大的不确定性，这种随机的、动态的效果也正是数字媒体的魅力所在。

数字媒体的交互性为艺术创作提供了更广阔的拓展空间，同时为观众和艺术爱好者提供了更直接参与艺术创作的机会，它打破了艺术家与观赏者的隔阂，观众不只是欣赏者，更是参与者，这使得艺术与观众的关系发生了根本性的改变。

（4）大众化

在“生活审美化”和“艺术大众化”的口号下，人们的生活方式已然发生了改变，数字媒体以其更多元化的表现形式、更广泛的传播渠道，使艺术欣赏更易被人们接受。“虚拟”技术的实现，使得审美经验渗透至人们生活的方方面面。

计算机最深刻的意义在于，它打破了人们对于艺术与现实关系的固有看法，让人们重新思考艺术与日常环境分离的观念。计算机则通过混淆虚实、混淆内外，将艺术拉回到真正的生活中来。在数字技术介入艺术领域以前，艺术传播方式是单向且静止的，艺术家及其作品与观赏者是相对独立的状态，因而艺术家难以接收到观赏者的直接反馈。数字媒体通过“发布—传输—接受—反馈—更新”的方式传播，以动态且立体的方式与人产生交流互动，以此探求最终呈现状态的多重可能性，它是艺术大众化的有利推手。

数字媒体是将传统艺术那种看似高贵的、孤傲的品质融化为一种大众能欣赏、可参与的形态，在观众参与交流、接触的前提下，在艺术家、作品与观赏者之间寻求一种动态平衡。数字媒体的创作不是艺术家和设计师的独角戏，而是在大众的共同参与之下产生艺术作品。

（5）多元化

数字媒体的多元化主要表现在其学科门类的综合性和呈现方式的多样性上。

数字媒体是科学、艺术、人文、社会、心理等多学科综合的产物，相较于传统艺术具有更多元化的艺术表现形式，通过声、光、色、电等技术化形式传达出来，同时还能充分调动人的感官，带来更丰富的体验。数字媒体能够取传统艺术之精华而去其糟粕，以其高适应性与灵活性，促成文字、图像、声音、装置、雕塑、影像、设计等的融合，呈现出多元化的特征。

3. 数字媒体的演进

从 20 世纪 90 年代到 21 世纪初，数字媒体经历了前所未有的技术变革，从当年动荡不安的“数字革命”到现在的手机时代。尽管计算机相关理论和研究是在七十多年前发展起来的，但直到 20 世纪 90 年代，硬件和软件才变得更加实用，互联网的发展为人类的未来带来了新的机遇。

1960 年，心理学和人工智能专家利克莱德（Licklider）设计了互联网的原始架构，通过宽带通信线路连接的计算机网络，实现信息存储、提取和人机交互功能。这一理念的创新之处于继在电话网、电报网和无线网之后，它催生了第四个基于计算机的在线网络。同年，利克莱德提出了“人机共生”的概念。1962 年，美国发明家道格拉斯·恩格尔巴特（Douglas Engelbart）发表了一篇文章《改善人类智力：一个概念框架》，它提出了一个依靠信息管理技术帮助人们相互协作，以应对全球经济和环境挑战的计划问题。可以认为，人机交互阵营后来实现的不同技术，如 Windows、鼠标、互联网、语音交互，基本上仍在道格拉斯·恩格尔巴特的理论框架内。1963 年，被称为“计算机图形学之父”的伊凡·苏泽兰（Ivan Sutherland）在麻省理工学院（MIT）的博士项目“画板”（Sketchpad）帮助图形学和交互式计算机向前迈出了一大步。1964 年，道格拉斯·恩格尔巴特发明了鼠标，它完美地解决了在图形计算机界面中操作屏幕元素的问题，为交互式计算机奠定了基础。1965 年，伊凡·苏泽兰提出了虚拟现实的概念，后人也将他称为“虚拟现实之父”。

如果说 20 世纪六七十年代是艺术理念的转变和突破时期，那么 20 世纪八九十年代是一个艺术理念可以在一个新的创作平台上随着技术的不断更新得到充分表达的时代。这时，计算机发展迅速，开始进入普通人的家庭。计算机软件也在更新换代，功能从简单到复杂。许多艺术家开始使用电脑进行艺术创作，技术创新为材料、媒体、传播和艺术形式带来了新的机遇。

随着数字媒体的出现，艺术形式不再局限于借助传统画布和画笔创造的绘画，而是绘画和影视作品借助计算机软件创作，进而强烈吸引受众的注意力。此外，数字技术促进了公共生活中的艺术发展，艺术不再是“精英”的专属乐趣，普通人可以用不同的方式和方法欣赏不同作者和形式的艺术作品。以人为本理念的流行也促使艺术家开始思考艺术作品与受众的联系。

进入 21 世纪以来，随着计算机网络的不断发展，各种形式和内容的信息涌入社会公众的视野，艺术与生活的界限逐渐模糊，当代艺术呈现出接近大众文化的趋势。互联网的互动特性打破了艺术之墙，普通人也可以加入艺术创作。在此期间，数字媒体以独特的表现形式和强大的表现力，逐渐进入商业领域，广泛应用于媒体广告、界面设计等。与此同时，先进的计算机技术为传统的艺术形式增添了新的理念，包括特效设计等，一大批传统艺术家开始利用数字媒体的表现力和影响力进行创作。

4. 数字媒体的现状

数字平台的全面发展和视觉行为的变化，改变了人们观察、感知、分析和识别物体和图像的方式，创造了视觉形式的新的审美特征。视觉设计不再局限于平面和静力学，而是打破了原有的时间和空间概念，将静力学转化为动力学，融合了视听一体化和互动的特点。

多媒体技术的强劲发展带来了巨大的信息网络和多媒体集合，数字媒体已经融入生活的各个领域。“媒介即信息”，这是西方传播学巨匠马歇尔·麦克卢汉（Marshall Mcluhan）对媒体在人类社会发展过程中的崇高地位和作用的诠释。媒体技术的进步对人类社会文明的发展起着巨大的推动作用。

回顾 20 世纪人类科学技术的飞速发展，尤其是数字媒体的发展道路，不难看出，未来将是物理世界和虚拟世界的统一。数字化突破了传统视觉媒体的局限性，将艺术创意带入了一个超越时间、空间、自然和形象的新媒体领域。50 年来数字媒体的理论与实践证明，科技与人文相结合、传统与创新相结合、虚拟和现实相结合是未来创新的必经之路。以智能手机、便携式设备和虚拟现实技术为代表的数字技术，为创作提供了新的机会和更广阔的空间。

（三）户外新媒体

户外新媒体是近几年产生的新媒体形式，区别于传统户外媒体如广告牌、易拉宝、车体等，户外新媒体主要以数字显示屏为载体投放信息，如楼宇电视、地铁电视等。建筑投影也属于户外新媒体，不是以数字显示屏为载体，而是让建筑物起到幕布的作用，使用工程投影投放信息，弊端是具有时间限制，只能在夜晚进行观看，但效果十分震撼。

二、从五大媒体划分

国际电话电报咨询委员会（CCITT）将媒体分成 5 类，分别是感觉媒体、表示媒体、表现媒体、储存媒体以及传输媒体。

（一）感觉媒体

感觉媒体即人们的各种感觉器官。它包括眼睛、鼻子、耳朵等。

（二）表示媒体

表示媒体在具体运用时有一个共同的特征就是可以根据特定的标准来处理某种信息内容，然后形成相应的格式，并以相关的数据存储下来。其中，最为典型的代表是摩斯密码、加密算法、数字签名等，让人们可以更安全地对这些信息加以使用。

（三）表现媒体

表现媒体指计算机的输入输出设备。除去常见的输入设备——鼠标和键盘外，绘画工作者使用的手绘板、手绘屏也属于输入设备；显示器、音响和投影属于输出设备。

（四）储存媒体

数字媒体技术具有储存属性，可以存储文字、图像、声音及视频等多种媒介形式。光盘、U 盘、移动硬盘等都属于数字媒体。在进行数字媒体传输之前必须经过压缩处理，以便更好地利用资源。所以，使用时需要选择合适的存储容量和压缩率来确保数据的安全性。

（五）传输媒体

传输媒体通常都属于有线媒体类型，而无线多媒体的媒介又分为无线电波和微波两种方式。其中，有线媒体的介质有电缆、光缆、电线等。而无线通信则是指使用电磁波进行传播，如无线电广播、卫星通信、微波通信等。这两种方式特点各异，然而它们之间也存在着一定的联系。目前，电视和网络是最常见的传输媒体。电视是传统的传输媒体，而网络则是一种新兴的传播方式，两者都属于大众传媒的范畴。

第四节　新媒体的发展历程

一、新媒体的发展过程

20 世纪初，新媒体这一概念最初被提出时，人类正处于由工业时代走向信息时代的过程中，互联网、计算机等新技术尚在研发之中，手机、移动平板等移动通信的终极成功也还未实现，在传统的无线电广播基础上突破纸质传统媒体带来的完全不同的体验，已经让人们预见了新媒体时代的趋势。

新媒体这一概念是相较于传统媒体而言的新兴媒体形式，并不单指新的传播手段或媒介形式，更指交换或者传递信息的制品或设备。新媒体的发展打破了传统媒体的束缚，借助互联网技术和新媒体终端设备的研发，如手机、移动终端等，给信息传播提供了更广泛的渠道。

进入 21 世纪，新媒体的发展已经十分完善，加之 AI（Artificial Intelligence）人工智能系统、VR（Virtual Reality）虚拟现实等技术的快速进步，以及移动数据传输量的不断扩大，新媒体领域发生史无前例的巨大变化，表现出了与传统媒体截然不同的特点。不仅信息传播渠道更加丰富，对信息元素本身来讲也产生了不容忽视的影响。新媒体语境下，各媒介相互之间产生着交叉性的影响，媒介元素的跨界应用展现出新的作用，对艺术形式的探索和实践也越来越多地呈现出跨学科、跨媒介的时代特色，成就了今天多样性的新媒体时代语境。

二、新媒体的发展现状

早期的新媒体多以以电视为载体的视频为主，这就使得其媒体传播受到了很强的空间约束。随着移动数字技术的发展和数据传输流量的大幅度提升，以互联网为基础的媒体开始兴起。而随着手机和平板终端技术的不断突破，自媒体时代随即到来。信息传输方式的颠覆性变革，实现了跨越时间空间的信息上传模式，并且发布的信息也不单单局限于文字或者视频，而是实现了文字、视频、图片、音频等多种信息集合发布，可以说整个社会已经进入自媒体时代。互联网媒体和自媒体的崛起带来了传播话语权的解放和互动方式的更新，媒介变得更加多样，具有实时性、选择性、体验性，也使得文化艺术创作更加灵活、方式更加多样。

由于移动端的便携性这一特点，加上现如今人们快节奏的生活方式，新媒体时代的发布内容也体现出了很大的不同，最大的特点就是高度的碎片化。传统纸媒时代长的篇幅的内容已经逐渐失去了生存的土壤，高度凝练的多媒体信息已经占据了信息发布的主战场。而这种小而精的信息发布模式提高了信息接收者的接收效率，带来了新媒体时代的产出大爆发。但是，与此同时，新媒体时代的内容产出也因此存在一些问题。碎片化的发布模式降低了制作成本，也带来了无效产出，因为很多信息发布者缺少创造优质信息的能力，妄想以数量取胜，冲击了主流文化和艺术，成为新媒体时代文化与艺术创新所面临的问题。

三、新媒体的发展趋势

（一）短视频将成为主要内容形态

2019 年以抖音、快手为主的短视频平台继续保持着强势的发展态势，字节跳动以抖音为首继续深化西瓜视频、火山小视频、多闪短视频等平台的多方位布局。而快手一方面对外投资势头强劲，既联合《人民日报》打造了央媒首个短视频聚合平台随后，又成了 2020 年春晚的独家互动合作伙伴；另一方面深耕下沉市场抢占互联网用户。短视频平台的崛起也随之带动各大社交媒体、新媒体平台加大了对于短视频的投入为用户提供了更多参与短视频制作的方式。2020 年图文依然是内容生产者、广告主的主要选择，而短视频凭借着更大的传播势能在不断创新传播形态的过程中在城市形象塑造、影视作品宣发、产品宣传等方面表现突出，其大众普及度、认可度也在不断提高。

（二）新媒体载体呈现多元化发展趋势

在日常生活中，新媒体的形式呈现出多元化发展趋势，并且这种发展态势在短时间内并不会出现滞后与减速现象。

例如，在一些小区的电梯里，物业安装了小型移动电视机，可循环播放新闻和广告等，在人们生活中的碎片时间中实现信息传递。公交车上的移动屏幕，能够在乘车时间供人们休闲娱乐，也能够传递如社会主义核心价值观等具有正能量的信息。

根据当下新媒体发展的趋势能够看出，在未来的一段时间之内，新媒体的利用范围和利用率都将全面提升，生活中应用新媒体的场所和机会将进一步扩大，力求能够满足人们多样化的信息获取需求。

（三）新媒体传播规范强调法制化

新媒体在其发展过程中，出现了以追求“点击率”为特征的乱象。其原因固然有逐利因素，但法制不健全同样不可忽视。如何把逐利行为纳入法制轨道，明确什么样的“利”可以“逐”，什么样的“利”不能“逐”，将是未来新媒体发展中的一个重要方面。可以肯定的是，未来的新媒体不会允许各种乱象继续存在，那种在乱象中投机的新媒体必将被法律和规范所淘汰。

第五节　新媒体传播的特点

一、开放性

从空间范围角度看，以网络技术为核心的新媒体打破了空间限制，为人们提供了交流互动的平台。新媒体环境下，媒介环境发生了巨大改变，其空间面向所有受众，信息来源于多方渠道，形式复杂多样。整个网络以分布式的方式呈现，形成了扁平化、无中心的构架方式和自由开放的空间特征。从社会信息圈来看，空间的开放性实际上也彰显了新媒体的流动性，这种流动性的架构方式打破了现实空间构建起来的社会框架结构。网络空间形成庞杂的信息流，促使信息呈现几何级数的流动增长态势，这就使得信息管理与采集方式更加多样，信息收集与发布不再局限于权威、传统的主流媒体，更来源于“三微一端”（微博、微信、微视频和新闻客户端）等各类门户网站，相关媒体越来越依托大数据平台充分整合数据和信息，使得信息管理变得逐步平台化、数据化。从信息范围角度来看，互联网特有的虚拟性促进了媒体内部的资源整合，新媒体促进了信息的快速传播，也使得资源更加海量化、新奇化，使得碎片化的信息可以跨越时空得到全方位的深度融合。

二、即时性

人类有史以来的信息交流与传播，从烽火报警、信使传递家书、联机检索到互联网络，变化的不仅是信息内容，更重要的是信息处理与传播的方式。这些处理信息的手段和传播方式的改变在新媒体上得到了充分的体现。传统媒体具有出版和播出周期，虽然报刊、广播、电视等对于新闻素材的采集和报道也强调快捷性、及时性，但是它受限于各种生产环节和技术水平，新闻从最初的采编到最后的刊发、播出会经过一系列的审批流程。报纸媒体通过纸质媒介进行信息传递，限于交通方式和发行渠道，传递速度较慢，每天报道一次新闻信息。今天进行采访、起草新闻稿，明天才能见诸报端，更不用谈期刊媒体了，因为它们的出刊时间更长；而对于广播或电视媒体，一般情况下，上午采编的新闻，至少要过几个小时，到中午或下午甚至第二天才能播出。而新媒体则没有空间的束缚，更无版面的限制，网络新媒体通过光纤数字信号进行信息的快速传递，所传播的信息可以瞬间到达目的地，新闻信息的更新是按秒来计算的。

新媒体在强调信息传播高速率、实效性的同时，更强调传播的即时性。一方面，网络、数字及移动通信技术不断更新，为信息传播扫除了技术障碍，使人们可以应用QQ、微博、微信、抖音、快手等各种新媒体形式，并通过这些新媒体平台进行有效互动，开展即时交流。例如，学生可以通过微信交流日常学习困惑或各自的经验、利用抖音平台晒晒自己的日常并与关注自己的网友互动等。另一方面，网络新媒体的新闻传播可以随时发稿，受众可以在第一时间快速地知道新闻内容。例如，刚刚在现场看到的新闻事件、用手机随手拍摄的照片或录制的短视频等，随时都可以通过微信、微博、抖音等新媒体平台发布，成为新媒体的即时报道。在网络新媒体上，新闻内容总是在持续地即时更新，我们甚至有时找不到头版头条新闻在哪儿。网络新媒体可以现场直播新闻事件发生的整个过程，尤其是对于突发事件而言，公众可以在网络新媒体上时时关注事件的发展情况。

三、海量性

报刊、广播、电视等传统媒体所能表达的内容信息量都是有限的，必须控制在一定量的范围内。新媒体从根本上改变了这种信息传播量大幅受限的情况，信息传播受控的现象大幅度减少，彻底改变了传统媒体因处在世界不同位置的地域性限制而产生信息传播受阻的局面，使信息可以全球性传播，传播的信息量更大、传播范围更广。互联网把全球的电脑进行连接，从而建立起一个巨大的，理论上可以存储无限量信息的数据库，且其中所包含的信息包罗万象、无所不有。网络媒体的内容，无论从时间维度来看，还是从空间维度来看都是宽广无限的。可以说，在网络、数字以及移动通信技术的助力下，新媒体能够为全世界人民提供难以想象的海量信息。这些体量大、内容广、形式多的海量信息可以不受时间、地域等方面的限制，任意在手机、电脑上通过互联网进行传播，这对于任何一种传统媒体来说都是不可能做到的。这些海量信息大体上来自两方面，一方面是来自人们现有知识的积累，另一方面来自全世界网民在新媒体上的创新创造。这些用户利用多种多样的新媒体平台共享互联网上的海量信息，从而促使个人的学习工作和日常业余生活等方面都发生了质的飞跃。对此，有媒体曾发表过这样的观点，单从信息发布量来看，一家微博网站 24 小时内的发布量比《纽约时报》60 年的总工作量还多；全球最大的视频网站一天内上传的视频可以一直播放 98 年。

四、交互性

信息传播的“5W”模式，是美国传播学者哈罗德·拉斯韦尔（Harold Lasswell）于 1948 年在其著作中提出的，这一传播模式的特征就是单向传播，传统媒体基本都是采用这样的传播模式。该模式的不足在于，传者与受者双方的地位始终保持不变，传播信息的一方一直负责信息的传播，而接收信息的一方只能接收信息，由于信息接收一方无法及时反馈信息给传播一方，所以传播的效果不尽如人意。1954年，美国传播学科创始人威尔伯·施拉姆（Wilbur Schramm）提出了传播的“循环模式”，在这个模式里，传者与受者双方的地位是一样的，都可以是传播者，也都可以是受传者。而新媒体正是这种循环模式的实践者。可以说，在新媒体环境下，信息发布者与受众之间的边界越来越模糊，信息传播双方站在同一个水平线上进行交流互动。所以，新媒体相对于传统媒体而言，其最为本质、最为突显的特征就是交互性，这是新媒体信息传播方式革命性的改变，也是新媒体技术优势的最明显体现。新媒体的这种内容生产方式的革命性变化，是其发展的必由之路。

一方面，传播角色发生变化。受众在传统媒体时代是接收信息的一方，处于信息传播路径尾端，只能被动接收信息。到了新媒体时代，这种局面发生了改变，信息传播模式由单向转为双向，信息传播双方可以进行有效互动。受众身份发生了改变，强调受众的主动介入、积极参与。在新媒体的传播过程中，信息被不间断地接收再转发，转发再接收，受众既是信息的接收者，又是信息的传播者。

另一方面，传播地位发生改变。电视台、报社、出版社等传统传播媒介，在以往绝对处于传播“霸主”地位，在信息传播过程中发挥着主导作用，对于传播什么内容、采取什么方式拥有绝对的话语权，一般不太会顾忌受众的需要和感受，只是根据相关工作需要进行传播，而受众由于自身处于弱势地位，不掌握话语权，且信息接收渠道单一，只能选择被动接受。新媒体时代受众地位发生了质的改变，他们从信息的被动接收者转变为主动介入者，能够积极地参与信息的传播过程，对相关信息可以选择性地接收，并随时进行信息的反馈。

五、个性化

新媒体改变了工业时代自上而下或中心至边缘的社会等级结构，形成了一种广泛联系、相互依存的网状社会结构。新媒体在互联网技术基础上使人的社会交往形式、内容、话语等都发生了根本性转变，对人及其生活环境的影响深刻。由新媒体构建起更加扁平化、个性化的世界，人们可以通过微博、微信等普遍性的媒体平台转发信息，人的主体性极大增强，人与人之间的联系更加紧密。借助新媒体，人的交往广度得到了极大的扩展，任何一个人都可以和处在不同时间、空间的另一个人交往，信息传播不再受传播内容、传播形式、传递方式等方面的限制。

六、大众化

新媒体时代，人人都是信息的传播者和接收者，打破了之前只有权威机构才可以发布信息和评论的限制，彻底改变了传统媒体“权威化”和“中心化”的弊端，在很大程度上解放了人们的思想，也增强了人类在信息传播上的参与感。新媒体依靠自身的技术优势极大地拓宽了信息传播的渠道，扩大了接受信息的群体范围，给公众提供了更加自由、平等、宽松和便捷的平台，促使人们进一步增长了知识、开阔了视野。

七、融合性

报刊、广播、电视等媒体都有各自的信息表达形态，都有各自的传播特点，分别代表了平面、声音和声画媒体。报刊的传播形态是文字和图像，广播的传播形态则是较为单一的声音，电视的传播形态相对丰富，包含声音和画面。新媒体在表达形态上发生了根本改变，完全不像传统媒体那样受到多重约束，它能够集合所有传统媒介的优势，有机融合文字、声音、图像、动画等各种信息表达要素。对于用户来说，选择哪种媒体形式进行内容呈现，完全取决于用户自己，这就涉及信息的内容、用户的偏爱以及接收条件等。

对于信息传播来说，新媒体丰富了其手段、拓宽了其途径，从传播形式上看，最大限度地实现了兼收并蓄，实现了全媒体方式的信息传播，充分展现了新媒体的跨界传播特点，也是新媒体融合性的体现。近年来，媒体融合的发展趋势愈加明显，而新媒体是信息传播中媒体融合的有力践行者和实际推进者，媒体融合不是人们想象中的媒体之间“一加一等于二”，也不是媒体之间生硬的简单拼接，而是多种媒体之间从形式、内容等方面深层次的相互融合、相互借鉴。

一方面，新媒体与传统媒体两者可以实现相互交融。从传播内容看，新媒体上发布的很多重要的、具有官方性质的权威信息大都取材于报纸或电视媒体，而报纸和电视媒体中许多时效性强、交互性强的信息则是向新媒体借鉴经验。这种传播内容上的有机结合，发挥了各自双方的优势，能够更好地为新闻行业和信息传播服务。从传播形态上看，新媒体与传统媒体的结合推动了传媒行业的融合发展，从人力、方式、内容等多个维度进行全方位整合，实现了“资源通融、内容兼融、宣传互融、利益共融”。

另一方面，新媒体与新媒体之间不同形式和平台的融合也成为当前媒体发展的主要趋势。数字技术、网络技术的不断革新，促使不同形式的新媒体之间不断融合，会形成更多的新媒体形态。

八、虚拟性

众所周知，利用网络人人皆可自由参与信息传播，构筑起充满不可控性的虚拟世界。假如我们辩证客观地看待新媒体，就可以发现一方面新媒体的虚拟性使得网络信息真伪难辨，隐藏着社会隐患，另一方面新媒体的虚拟性也给用户提供了自由发言的空间，令互动交流更加平等和轻松。

九、数字性

新媒体的数字性也就是指媒介文本内容可以通过数字技术形式全面呈现。新媒体内容的生产过程中，信息通过“编码－解码”的过程来实现更好地传播，文本图像、音视频等内容信息的存储、传输是无比迅捷的。新媒体数据只是存在于电脑或者手机等载体中，或者呈现云存储状态，这是非实体存在形态虚拟的网络世界容纳和存储各种信息。

十、平台化

随着“新媒体”时代的到来，新媒体存在的场景将进一步拓展，新媒体的平台化特征也会越来越明显。新媒体不只是局限在“媒体”的信息传播属性，其逐步衍生出多样化的“平台”属性，不单是信息传播，还可以带有休闲娱乐、学习教育、社会交往、购物交易、移动办公等平台属性。

十一、超媒体性

超媒体性是指新媒体可以非线性地组织和呈现信息。新媒体可以为信息使用者提供文本、图像、音频、视频等多媒体信息。用户可以通过点击、滑动或扫描二维码等方式获得以上多媒体信息。

第二章　中国传统文化对外传播概述

文化是一个国家综合国力的重要组成部分，在对外交流与合作中发挥着至关重要的作用。长期以来，由于多种历史与现实因素的影响，我国传统文化在对外输出方面面临着较大困境，文化影响力和认同感存在不足。本章分为中国传统文化的相关内容、中国传统文化对外传播的理论基础、中国传统文化对外传播的重要意义、中国传统文化对外传播情况四部分。

第一节　中国传统文化的相关内容

一、中国传统文化的内涵

（一）文化

古代文化的用法与如今不同，“文”本义指纹理，“化”寓意是变化，指从生到死的改变。“文化”一词本义为“文治教化”，最早追溯于《周易》中的“关乎人文，以化成天下”。而今使用的“文化”一词是 19 世纪末期从西方引进而来的，源于英国学者泰勒的专门术语[①]。泰勒在《原始文化》一书中定义文化是由知识、道德、艺术、信仰、风俗等组成的复杂综合体。这对当时的学术界产生了很大的影响。后来《辞海》一书从广义和狭义两个层面对文化进行了界定，广义的文化指人类社会历史实践过程中所创作的物质财富和精神财富的总和，而狭义的文化指社会的意识形态以及与之相适应的制度和组织机构。当代学者也提出了多样化的文化定义，其中华中科技大学韩东屏教授以归类文化所属为标准，将纷繁复杂的文化概念分别归类于人的欲望、人的能力、人际关系、人的生活方式、人的活

① 张竟荣．中国传统文化概论[M]．北京：国家行政学院出版社，2019：3.

动、人的行为方式、人的行为方式的影响因素、人类活动的结果、人类社会的发展水平以及所有物种都有的某种东西这十类，并提出文化是人类创造力的果实这一定义。文化是一种动态的人力创作过程，是人们在长期劳动和实践中保存和创造的物质和精神成果的总和。

（二）传统文化

1. 何谓传统

“传统文化”是一个复合词，从词义上看，意为传统的文化，因此首先需要理解何谓“传统”。李海彬认为，文化的基本要素有四个：时代、地域、民族、宗教。时代、地域是文化的客体性坐标，民族、宗教是文化的主体性坐标[①]，通过这四个要素基本可以锚定一个文化体在世界文化中的位置。传统，正是时代要素上的一个位置，它代表着过去，与现代相对应，传统由历史衍生或选择而成。传统意味着代代相传的事物，即从历史上延传至今的东西。传统的内容十分广泛，既包括看得见、摸得着的物质实体，也包括借由物质形式体现、但与物质完全不同的、抽象的表意象征。物质实体，如古建筑、废墟遗迹、古器古玩、纪念碑、钱币、书籍等，它们因被灌注了人的思想和精神而成，因而是双重传统；表意象征，如知识、经验与技术、宗教、科学和学术著作、文学作品，以及过去因实践而形成的惯例等，再详细而言，它们可能是“象征符号”“文化客体”、观念、命题、形象、信仰或制度。

传统的主要特点有四个：首先，传统产生于过去，自诞生到最终被大多数人确认为传统，通常有较长的历史；其次，传统具有同一性，无论外在符号在世代继承中是否发生改变，其内在的基本因素、共同主题基本保持一致；再次，传统具有持续性，长则几千年，短则至少需要三代人的两次延传才能成为传统；最后，传统会随着内部因素和外部因素的改变而发生变迁，如发生传统交融、传统冲突、传统解体和传统消亡。传统是一把双刃剑，一方面，传统是检验文化生命力的直观标准；另一方面，传统又具有惯性和惰性。从肯定的一面来说，“传统”与“礼仪”“敬意”和“责任”有关，以其神圣性对个人行为的道德规范方面具有积极

---

① 李海彬．中国文化的复兴之路：中国文化现代化转型的哲学思考[M]．北京：学苑出版社，2008.

作用，从而可以维持社会稳定，进而使得社会群众具有内聚力，能够朝着一个共同的目标而努力。从否定的一面来说，启蒙运动以来西方社会强调理性，随着科学技术、市场经济、法制的迅猛发展，传统逐渐被视为与理性对立的观点，在“现代化理论”中更被视为贬义词，具有妨碍改革的习惯或信念之意[①]。爱德华·希尔斯提出了“实质性传统”，认为“实质性传统”是人类的思想范型之一，是一种崇尚过去的成就和智慧、把从过去继承下来的行为模式视为有效指南的思想倾向，如对家庭的感情、对祖先的敬重、对家乡的怀念等[②]。“实质性传统”的存在并非迷信，而是人类原始心理倾向的表露，是大多数人天生就需要它们，人们长期敬重和依恋“实质性传统”，从而会无形地控制自身的社会行为。社会不仅有空间上的整合，也有时间上的整合，和传统割裂，会使个人和社会处于一种失范状态，使人们感到无所适从、不知所措。民俗学也有类似的观点，民俗包含传袭的信仰、习惯、故事、歌谣、俚语等内容，流行于蒙昧人，通过一些深刻的心理过程起作用，正由于传袭而被承认和继续存在。

由此可见，传统与文化具有天然的亲和力。当人们提到“传统”时，更多时候意指那种从古流传至今的表意象征。

2. 传统文化及相关概念辨析

当理解了“传统”、“传统文化”便可理解为历代存在过的种种物质的、制度的和精神的文化实体和文化意识[③]。人类作为有限的存在，总是处在传统文化之中，不论我们意识到与否，传统文化总是影响着我们，始终是我们的一部分。

大多数时候，传统文化不仅彰显了文化的时代要素，往往也自动包含了民族要素。各民族有不同的传统文化，因此《辞海》将“传统文化”直接定义为“某种文明演化而汇集成的反映民族特质和风貌的民族文化”。国内学术界常常把“传统文化”“中国文化”“中国传统文化”三个概念混用，有学者梳理了中国近30多年的文化研究和文化建设实践，指出这三个概念在大多数情况是一致的，“中国传统文化”常常被习惯性略称为“中国文化”和“传统文化”[④]，不同语境下使

① 雷蒙·威廉斯．关键词：文化与社会的词汇[M]．刘建基，译．北京：生活·读书·新知三联书店，2016.

② 爱德华·希尔斯．论传统[M]．傅铿，吕乐译．上海：上海人民出版社，2014.

③ 庞朴．忧乐圆融[M]．上海：上海教育出版社，2020.

④ 李宗桂．试论中华优秀传统文化的内涵[J]．学术研究，2013（11）：35–39.

用习惯会略有不同。近年来，随着国家对传统的日益强调，国内学者使用“传统文化”的频率更高。“中国传统文化”和“传统文化”在强调时代时，往往同义，其侧重点在“传统”二字。若具体比较起来，“中国传统文化”是“传统文化”的一种，“传统文化”包含全人类、各民族的传统文化。“中国传统文化”和“中国文化”在强调文化独特性时，往往同义，其侧重点在“中国”二字。若具体比较起来，“中国传统文化”是“中国文化”的一部分，“中国文化”不仅包括过去的，还包括现代的中国文化。“中国文化”和“传统文化”看似前一个强调地域、民族，后一个强调时代因素，但“中国文化”最光辉的部分即在于传统的部分，在文化多元化的大背景下，最与众不同的部分也在于传统的部分，因此两个概念有时在具体语境中可视作同义。相似的概念还有“中华优秀传统文化”，它属于“中国传统文化”的一部分，范围更小，但“优秀”二字格外强调了这部分文化正面的价值属性，即“取其精华，去其糟粕”中的“精华”，主要是指中华民族长期发展过程中形成的、有着积极的历史作用、至今具有重要价值的思想文化。

3. 传统文化的核心要义

（1）自强不息的民族精神

传统文化中积极向上和奋发有为的思想至今仍有积极意义。自强不息这个词语来自《易经》中的“天行健，君子以自强不息”，是说各种天体劲健运行，君子应像天体那样，勇毅前行，积极进取，主张人过一生要有所作为。这是中华民族精神的主要体现，是中华民族能够数千年屹立于世界民族之林的精神支撑。这是古代文化接续发展的硬核基础。我国自古就有着反抗外来入侵者的传统，在中国历史上出现了很多带领乡民反抗侵略的首领，我们冠之以民族英雄。

就个人品格形成和人生观来说，自强不息的精神表现在不怕艰险上。儒家重视人的“刚性”品格，孔子用从政、讲学、周游的坎坷经历，践行自己的学说，诠释了自强不息的精神。孔子用了 14 年时间，走遍列国，来推行仁爱主张，即使面临生命威胁，也不改变主张。虽然他的政见在他有生之年没有被统治者采纳，但是，孔子在晚年仍然专注于古典籍的整理和加工，为在乱世中保存大量的文献古籍做出了不可磨灭的贡献，保留了古人对经典文献的理解和释义，使中华文明在战乱频发、典籍散失的关键时期得以传承。当孟子处于人生低谷时，他用“故天将降大任于斯人也”这样的话来勉励自己。其实我们每个人的一生都不会是一帆风顺的，只有坚持到底才会取得最终的胜利。周文王、孔子、左丘明、董仲舒、王阳明、文天祥等这些伟大的人物，都是在与生活逆境进行顽强斗争时创作了流传千古的著作，为我们留下了宝贵的精神财富。正是自强不息的精神，激励着先辈们创造出了光芒万丈的中华优秀传统文化。在社会主义革命、改造、建设与改革的各个时期，革命先辈们坚持在实践中艰难探索、实事求是、自力更生，从一次次的失败中得到结论，“中国的事情要按照中国的情况来办”，最终取得了革命、建设、改革的巨大胜利。习近平新时代中国特色社会主义思想同样具有中华优秀传统文化自强不息的基因。

（2）“修齐治平”的家国情怀

家国情怀，就是对家庭、家乡、家国的浓厚感情，是贯穿中华优秀传统文化的一条主脉，几千年绵延不断。修身齐家治国平天下，只要上过学，几乎人人都能够说得出来，大家都应该熟悉《大学》里记载的有关“修身、齐家、治国、平天下”的一段话，说出了自身、家庭和国家的关系，指出了识物、知识、诚意、正心的内在逻辑，正是这些关联构成了历代中国士人追求的独特精神谱系。从国家视角来说，家国情怀就是指老百姓对于国家的归属感和自豪感，这是一种经过升华的、共性的精神，是民族凝聚力的根基。从个人视角来说，家国情怀是指人本身所能感知的自己与国家联结在一起的情结。家与国互为依托。一个人最大的幸福就是为了全民的幸福而努力奋斗，把个人投入造福人民的事业中去，把个人梦想与国家梦想联系在一起。在中国史上出现了无数的仁人圣贤。周公、孔子自不必说，汉代有忍辱负重完成《史记》创作的司马迁，三国有“鞠躬尽瘁，死而后已”的诸葛亮，晋代有治世能臣王导，宋代有司马光、王安石、范仲淹、苏东坡等一批国家股肱之臣，明代有刘基、于谦、王阳明、海瑞等忠贞之士，清代有曾国藩、李鸿章、左宗棠、张之洞等一大批栋梁之材。习近平总书记明确指出，中国传统文化具有凝聚人心、汇聚民力的强大力量。在艰苦卓绝的革命战争年代，前赴后继、无坚不摧、舍生忘死的精神力量，激扬着共产党人谱写了长征史诗、赢得了抗战胜利、推翻了国民党统治，建立了社会主义新中国。新中国成立以来，艰苦斗争、共同奋斗的精神，鼓舞着中华儿女成功研发出“两弹一星”，实现了嫦娥探月、蛟龙入海、“北斗”上天，不断在科技领域实现历史性突破，填补了很多我国科技领域的空白，走在世界科技前沿，这些都是一曲曲最值得赞许的美丽壮歌。我们要把家国情怀深植内心，用行动去践行，以“敢教日月换新天”的勇气，相信斗争、敢于斗争、善于斗争，用心血和汗水，谱写无愧于人民的崭新篇章。

（3）崇德向善的道德追求

儒家经典《大学》说：“大学之道，在明明德，在亲民，在止于至善。”就是说学习的要义和目的，就是激发我们内心深处的明德，然后推己及人，影响更多的人，让人在每日三省吾身的基础上，日新其德，不断向“至善”的人生境界进发。孔子不仅提出了个人修养的总目标，还指出了达到这个目的的具体路径。另外，不少先贤也有类似观点，“富贵不能淫，贫贱不能移，威武不能屈”“贪如火，不遏则燎原；欲如水，不遏则滔天”，告诫我们，越是职位高，越是权力大，就越要有战战兢兢、如履薄冰的底线思维。社会主义事业的接班人要做出成绩，就应该借鉴这些有益古训。要想不断完善社会治理模式，只是依靠法律是不够的，还要依靠社会道德规范，在实践中使两者相辅相成、各得其宜。治理国家如不依靠道德约束的力量，不会长治久安。中华优秀传统文化历来重视道德在治国理政中的作用。《论语》中说“其身正，不令而行，其身不正，虽令不行”，就是说要发挥以身作则、身先士卒的作用。社会主义核心价值观在个人层面的内容是爱国、敬业、诚信、友善，也是在倡导大家讲信用、重承诺，讲正气、做好人。

二、中国传统文化的特征

中国传统文化是中华民族智慧的结晶，其深刻的文化内涵对中华民族的形成、发展和立于世界民族之林起到了不可替代的作用。在此有必要对中国传统文化的特征进行归纳，总的来说，中国传统文化具有包容性和开放性、连续性和稳定性、多样性和统一性等特征。

首先，中国传统文化具有包容性和开放性的特征。中国传统文化的包容性和开放性主要体现在两个方面：一方面，中国传统文化在社会变迁过程中对我国各民族文化加以吸收、融合。春秋战国时期，儒家、法家、道家、墨家、名家（刑名家）、阴阳家等思想流派相互争论，形成百家争鸣的局面，促进了中国文化的发展。秦汉以后，各民族之间的融合步伐大大加快，不同民族、不同地域的文化相互碰撞、相互融合，创造了气势恢宏的中国传统文化。另一方面，中国传统文化对外来文化进行借鉴。东汉时期佛教传入我国、宋朝时期基督教和伊斯兰教传入我国……西汉的丝绸之路、唐朝的玄奘西游等体现了中国传统文化兼容并蓄的显著特点。

其次，中国传统文化具有连续性和稳定性的特征。中国传统文化在历史发展的长河中适应了时代的发展，在朝代更替和历史的变革中仍然保持着内在性质的稳定性。尽管“中体西用”“进化论”等西方思想对中国传统思想造成了重大的冲击，但中国传统文化中的优秀成分一直传承至今。四大文明古国的文化体系中，只有中国传统文化在历经数次历史更迭后依旧延续发展，至今从未中断过。中国传统文化赓续不断，代代相传，经久不衰，具有顽强的生命力和凝聚力。

最后，中国传统文化具有多样性和统一性的特征。中国传统文化的多样性主要体现在宗教文化的多样性、民族文化的多样性以及地域文化的多样性上，同时各民族文化自身也具有多样性的特点，如各民族的风俗习惯、岁时礼仪和衣食住行等方面具有特殊性。中国传统文化的统一性主要体现在价值观念、语言文字、宗教信仰等方面，也正是这些方面的统一性增强了人们对中国传统文化的认同，使得中国传统文化历经五千多年而连续不断。

三、中国传统文化的内容

（一）中国传统语言文化

语言，是民族文化的徽标，是民族精神的外化，它集中体现了一个民族的思维特点。语言不仅是交流沟通的工具，其审美价值和人文功能也耐人寻味。语言富于音乐美、凝练美、朦胧美和意境美等特点，通过体悟语言的音乐美，可以感受语言的韵律和谐之妙；通过体悟语言的凝练美，可以感受语言的反复锤炼之精；通过体悟语言的朦胧美，可以感受语言的含蓄蕴藉之巧；通过体悟语言的意境美，可以感受语言的人文情怀之思。

（二）中国传统思维方式

以史为镜，知古见今。中国传统思维方式形成于中国五千年的灿烂文明中，且在其形成过程中深受儒家、道家等传统文化的影响与熏陶，同时它也是传统文化中更具稳定性的部分。思维方式不但是文化的组成部分，也是文化的厚植层面，是文化结构系统的内核，它对文化的积极建构具有支配、调控等重要功能。中华民族融聚的独具个性的思维方式具有相对独立性，它不会随个体的消失而消逝，亦不跟随时代的变化亦步亦趋。在某种意义上说，文化的变化与发展，实则思维的适应与更新；文化的传承与延续，实则思维的创新与进步。

（三）中国传统审美体验

那人面鱼纹的彩陶盆，那古色斑斓的青铜器，那琳琅满目的历代工艺品，那秀骨清像的石刻雕塑，那笔走龙蛇的晋唐书法，那意境无穷的宋元山水画，那一位位唱响时代最强音的杰出诗人无不展现出中华文化的美学盛宴。无论是器物制度，还是文化典籍，中国传统文化承载着的不仅是对历史的演绎，更是我们民族独特的美学含蕴与审美趣味。中国传统的美学精神可以概括为真、善与美的统一，认识与感知的统一，人与自然的统一，个人身心的感性形式与社会文化的理性内容的统一。

（四）中国传统文化精神

传统文化在不同的时代背景下，可能会有截然不同的形式，但是整个中华文化体系之所以能够连绵不绝，皆是因为中国传统文化的基本精神是一以贯之的，它是民族生存的支柱，是民族繁荣强大的动力，是民族之魂。中国传统文化的基本精神直到今天还在影响着我们的思想行为，我们被悄无声息地浸染着。中国传统文化主要有以下几大基本精神。

第一，至死不渝的爱国主义精神。爱国主义精神是中华民族生生不息的重要基因。我国在秦朝实现大一统后，在不同朝代更迭时虽然也会发生分裂、战争，呈现分分合合的历史轨迹，但总体还是统一的趋势，人民抵制谴责叛国者，高度歌颂爱国者。历史上也涌现出了众多的民族英雄，如拒不投降的不屈使节苏武、孤独北伐的执着将军岳飞、留取丹心照汗青的英勇丞相文天祥以及近代抗击外来帝国主义侵略者的邓世昌和舍身炸碉堡的董存瑞等，他们用生命铸就了爱国精神，用行为践行了我们的爱国不只是空有口号。爱国主义精神在新的历史方位中，在新的时代背景下仍然需要弘扬，在任何情况下都不能弱化，在进行思想政治教育的课堂中，中国传统文化内容中的爱国精神仍然是重要的教育资源。

第二，高风亮节的崇德精神，即崇尚道德，修身律己，以德润才。早在春秋时期，老子就在《道德经》中提到道德的重要性并提出“上德不德，是以有德；下德不失德，是以无德。上德无为而无以为，下德为之而有以为”。上德的人对人有德而不自认为有德，下德的人对人一有德就自居其德，所以反而无德了，即不考虑德与不德的问题就是最大的德，是要我们从内心求德，尊重自然禀赋中的德。

老子所提出的德是指每个人应该具备的处事方法，是一种社会准则。他认为“德”是涵养万物的承载，这里的“德”是指按照“道”的要求行事。然而儒家思想中的德在老子看来属于下德的范畴，儒家的仁义道德是人为规定的德，要求我们“存天理、灭人欲”，追求“五常五德”，是积极入世的“德”，但是两者也存在共同点，即都要求人们做有利于社会的好事，培养自身的道德品质。草偃风行，从而使整个社会都就正有道。

第三，天道酬勤的进取精神，即主张人生应该事不避难，迎难而上，努力有为，积极进取。“路不行不到，事不为不成”，回顾历史，我国正是因为拥有了一批又一批的进取之士才得以蓬勃发展。新中国成立之时，是那满腔热血与一颗进取的心让共产党人不畏艰难，从“三大改造”到“一五”计划，从计划经济到市场经济，让我国的经济迈上了腾飞之旅。

第四，友好共处的尚和精神，即共存共生，合作共赢。这既是我们提倡的为人处世的规范，也是我国践行的外交准则。

（五）中国传统人伦道德

父子有亲、君臣有义、夫妇有别、长幼有序、朋友有信囊括了全方位的传统人伦关系。《易经》中说道，古代圣人“上观天象，下察地理”，从中得出万事万物的发展变化都有其规律。我国以儒家为伦理学大宗，儒家思想的集大成者孔子认为理想中的完人，谓曰圣人。圣人之道德，自其德之方面言之曰“仁”，自其行之方面言之曰“孝”，自其法之方面言之曰“忠恕”。其中“仁”是最高人格。由此可见，传统伦理道德的基础是“仁爱”，其中包含孝悌与忠恕，从孝亲始，至忠君终。

（六）中国传统文化思想

我国在春秋战国时期就出现了儒、道、墨等十家思想流派，其中所包含的内容涵盖各个方面，在此将传统思想分为三类。

一是政治思想，中国古代的政治思想主要受到儒学的影响，强调重视民生，以德治国。首先，“以人为本”的思想源远流长，荀子、孟子都曾有民本的思想，荀子曾言“天之生民，非为君也；天之立君，以为民也”。君王的存在是为人民服务的，类似于我们现在所提倡的公职人员要做人民的公仆，为人民服务。其次，“为政以德”的思想，《论语》有云“为政以德，譬如北辰，居其所而众星共之”，此句强调的是道德对政治生活的决定作用以及主张以道德教化为治国的原则。为政以德的原则同样适用于今天，是教师需要继续向学生讲授的重要思想。

二是经济思想，在国家大一统和小农经济背景下的中国传统经济思想慢慢得以发展，在宏观方面，古代的经济思想看重国家对经济的控制。在微观方面，落实到个人层面，中国传统经济推崇的是道德为重、以义生利、德本财末的思想，要求人们在追求利益的时候不能像西方人一样从自身的欲望出发，而是要把维护国家秩序作为最高准则，让利益置于伦理之下。在人与自然方面，传统经济思想要求尊重自然，达到天人合一的状态，在小农社会，人们的经济收入很大程度上受到自然的影响，所以人们对于大自然持一种敬畏的态度，尊重自然规律和经济规律。

三是哲学思想，我国传统的哲学思想可谓百花齐放，对比西方哲学也毫不逊色。首先，在唯物主义和唯心主义思想上，我国的朴素唯物主义从西周初年的“五行”学说开始，之后东汉的王充又提出世界统一于元气以及元气是世界的本原，直至后来王夫之提出的“理依于气”等观点都是坚定的唯物主义思想。唯心主义思想主要包括主观唯心主义和客观唯心主义，庄子的庄周梦蝶以及“子非鱼，安知鱼之乐”、慧能大师的“不是风动、不是幡动、仁者心动”以及“菩提本无树，明镜亦非台；本来无一物，何处惹尘埃？”的论断都属于主观唯心主义。而朱熹提出的“理在气先”则是把人的主观精神夸大成唯一的实在，这是典型的客观唯心主义。其次，在认识论方面，传统哲学强调知行合一，主张把思想学说和生活实践融为一体，要求从生活实践出发，从中提炼出思想观点，再用其指导生活实践。王守仁的“知行合一”和王夫之的“知行相知以为用”都属于认识论的范畴。最后，在辩证思想上，许多的古代思想家都能灵活地运用辩证法来看待问题，老子认为世界处于不断运动变化中，并提出著名的祸福相依理论；宋代的张载提出

“一物两体”以及“体用不二”的观点，这些都是我国古代传统的辩证思想发展的结果。

四、中国传统文化的功能

（一）文化传承

在过去五千多年的漫长岁月里，中国传统文化有着各种各样的辉煌。先秦时期诞生的楚辞，汉赋唐诗宋词元曲和明清小说、极具特色的写意中国画以及古色古香的南方园林和气势磅礴的皇家建筑等，都在展示着中国传统文化的魅力。传统文化通过书籍、口口相传、物质遗产等方式让现代人也能了解过去、感受古中华文明之遗风。

（二）民族凝聚

中华民族创造了难以比拟的灿烂文明，同时也遭受了各种难以想象的苦痛，尤其是在近现代鸦片战争后，随着西方列强的入侵，中华民族陷入了深深的苦难中并经历了长达百年的屈辱史。即使是在这种情况下，中华民族也没有分崩离析，也没有像其他殖民地一样弃用本国文化改学殖民国文化，这皆是因为我们强烈的民族认同感，而我们强烈的民族认同感则来源于我们对于本国文化的自信。“天下兴亡，匹夫有责”的思想让中华民族能够全民抗日，强烈的爱国主义情怀让人民宁作战死鬼，不为亡国奴，自古形成的吃苦耐劳、乐观向上的思想也能够让人民挺过一段段艰苦的日子，并满心期盼着幸福生活的来临。文化的作用就是使得思想精神慢慢内化于心，在传统文化的熏陶洗礼下，我国各民族不断成长，最终也会越来越有凝聚力，越来越有民族认同感。

（三）社会教化

中国传统文化的主要思想和基本精神大多是教育人民要提升自我道德品质、培养健康人格。儒家思想尤为突出，孔子教育学生重视德行修养，如在《学而》中说：“弟子入则孝，出则弟，谨而信，泛爱众而亲仁。行有余力，则以学文。”在孔子看来，德行为本。中国人民的勤劳自强已经声名远扬。中国人从小就受到传统文化中自强不息精神的激励，我们明白一份耕耘，一份收获，这种刚健自强的精神也让我们新一代的青年明白唯有努力才会有收获，而不能将成功寄托在运气或者他人的馈赠上。传统文化对于人格塑造的影响是巨大的，一方水土养一方人，传统文化用它的精神源泉灌溉着中华民族，培养着一代又一代能够担起时代大任的国人。

五、中国传统文化的价值

中国传统文化历史悠久且博大精深，既在中国传统社会中发挥过较大的积极作用，也对当代中国社会具有重要价值。下面从政治、经济、文化、社会等方面具体阐释中国传统文化的当代价值。

（一）政治方面

中国传统文化中的民本、中庸、慎战等理念，对于中国现代政治文明建设有重要价值。

其一，民本思想有利于完善现行民主制度。该思想在中国古代政治生活中发挥着积极作用，如今的“全心全意为人民服务”“中国梦”等均是在借鉴和吸收中国传统文化的民本思想的基础上形成。

其二，中庸思想有利于稳妥推进政治体制改革。“中庸”是中国古人为人处事的重要原则之一，其适度原则有助于寻找古今中外文化融合的切入点，又能为中国持续推进政治体制改革提供有益参考；其节用思想在加强和改进党的领导，遏制腐败滋生方面具有重要作用。

其三，慎战思想有利于新时代中国的大国外交。近年来，科技进步导致武器的杀伤力显著提升，其毁灭性也达到史无前例程度，战争成为世界的不稳定因素，并成为高悬在人类头顶的“达摩克利斯之剑”。鉴于此，慎战思想对于新时代中国大国外交的价值越加明显。

（二）经济方面

今日之中国，主要矛盾已发生变化，为更好地推动社会全面进步须着力解决好发展不平衡不充分问题。中国传统文化中的“诚实守信”“大同社会”理想有助于我国的经济建设。

其一，诚实守信观念能规范市场主体行为。市场经济背景下部分生产者为获取自身利益选择压缩生产成本，不惜违背诚信原则生产假冒伪劣产品，扰乱了社会主义市场的正常秩序。弘扬中国传统文化的诚实守信观念，可为市场经济建设创建良好的人文软环境。

其二，大同社会观弥补市场分配机制缺陷。中国传统文化中蕴含的大同社会理想，对缩小贫富差距有积极作用；助人为乐等观念则有利于促进社会公平。

（三）文化方面

文化强国建设并非一蹴而就的。以下从三个方面具体阐释中国传统文化在文化建设方面的当代价值。

其一，是中国特色社会主义文化形成的深厚基础。社会主义文化要有中国特色，必须吸收中国传统文化，因为后者是社会主义先进文化的深厚基础，也是建设社会主义文化强国的动力源泉和精神支撑。

其二，是构建核心价值观的重要基础。二十四字的社会主义核心价值观的形成与中国传统文化密不可分，该价值观更多是在中国传统文化中所蕴含的仁、义、礼、智、信等价值观基础上形成的。

其三，是提高国民素质教育的重要资源。中国传统文化中如儒家的内圣外王、道家的无为而治、墨家的兼爱等思想，本质上是为让个体成为对社会有用的人。此外，运用中国传统文化开展高校专题教育，不仅能规范学生的日常行为，还能促使其形成谦虚、诚信的好作风。

（四）社会方面

中国传统文化中蕴含的民生思想，可为新时期改善民生提供借鉴。虽然中国传统社会的民生思想的根本出发点是维护统治阶级的利益，但其所蕴含的人文关怀能为当今社会改善民生提供重要借鉴。

其一，大力发展教育事业。诸如孔子的“有教无类”、孟子的“广设学校”等重视教育的系列民生思想，对国家教育的发展完善具有重要的借鉴价值。

其二，完善社会保障体系。中国传统文化中的“老吾老以及人之老”等思想，对维护和完善社会保障体制有重要借鉴价值。

第二节　中国传统文化对外传播的理论基础

传播中国传统文化，离不开传播理论的指导。同时，还需要立足于新时代，以时代需求为导向，进行传播活动。唯有如此，才能充分凸显其优越性，为实现中华民族伟大复兴奠定深厚的文化基础。

一、古代思想家传承文化的思想

自古以来，中华民族就重视对文化的传承，中国古代思想家更是就传承文化发表了诸多论述，形成了传承文化的思想。

儒学作为封建社会的正统思想，对后世产生了深远影响。儒学创始人孔子传承文化的思想主要包括：信而好古、敏以求之的传承态度；温故知新的传承目的；因革损益的传承方法。

一是信而好古、敏以求之的传承态度。孔子相信并热爱古代文化，并勤勉敏捷地学习古代文化，以“斯文在兹”的使命感和责任感，勇担传承文化的使命。孔子晚年不断收集、整理古代文化典籍，为保存中华文化遗产、传承历史文脉做出了巨大贡献。

二是温故知新的传承目的。孔子提出：“温故而知新，可以为师矣。”《论语·为政》这一观点揭示了新文化是在旧文化的基础上发展而来的。以周朝礼仪制度为例，孔子认为，周朝承继夏商两代文化成果，较夏商文化更为丰富多彩。就孔子本人而言，虽然孔子提出了“述而不作”的谦虚之辞，然而孔子“祖述尧舜，宪章文武”，在传承古代文化的基础上，述而又作，创新发展古代文化，创立了儒家思想。

三是因革损益的传承方法。对于如何创新发展古代文化的问题，孔子提出因革损益的方法。孔子在论述礼仪制度时提出：“殷因于夏礼，所损益，可知也；周因于殷礼，所损益，可知也。其或继周者，虽百世，可知也。”(《论语·为政》)“因”指继承、借鉴、沿袭，“革”指变革，革新，“损”指删减、破除，“益”指增加、补充。由此观之，孔子认为文化的传承不是全盘复古，而是随着时代变迁，有所取舍，有所创新。另外，儒家学派的其他思想家也非常重视传承文化，就文化传承问题也提出了自己的主张。例如，宋朝“关学”代表人物张载提出“为往圣继绝学”的重要主张，这一观点反映了中国古代知识分子传承文化的高度自觉和高远志向，为后世知识分子所推崇。

此外，其他学派也多次论及文化传承问题，如墨家学派创始人墨子。墨子批判了“闻先王之道而不为”的行为，强调对于古人所创造和积累的优秀文化成果，应加以实践。同时，墨子反对“循而不作”的复古思想，认为应对前人创造的文化成果进行创新。由此可知，墨子重视文化的传承，同时又重视对其进行创新。

二、马克思主义传播理论

（一）交往理论

交往作为人类特有的普遍性活动存于社会之中，是人与自然、人与人之间关系的外显。马克思主义以唯物史观为出发点分析历史进程，交往理论也对此予以充分阐扬，作为唯物史观视域下的交往理论，其基于社会历史发展的物质实践活动和主体间的交流互动总结而成。主体能动地作用于客观存在的物质实体，以具象化的物质生产实践在主体间的因缘际会中创造为人所用且满足主体需求的物质和精神产品。交往于劳动中产生，又促使生产发展，于存在和思维的双重范畴中考察生产与交往的辩证关系。

生产劳动是人类的基本活动，生产劳动必然会发生交往互动产生社会关系，马克思和恩格斯对此进行了较为细致的研究，其交往理论散见于其各类著作中。信息交往是人际关系形成的基础，是人类历史向前发展的动力。多样化的交往形态离不开人的感官机制和技术推动下的媒介变迁，但这一切都源于物质生产实践活动。在主体的实践活动中，人的感官随着社会需要的发展实现交往的“人化”，这一社会需要是从一定历史形式下的物质生产过程出发，是历史的暂时的产物。

物质生产决定精神交往，处于一定社会环境的人为了生存必须进行交往。一方面，物质性的主体为了生存于世间，借助外力工具进行实践活动来改造自然，让自然为人所用，这一过程处于物质生产实践的具体化层面；另一方面，在改造自然的过程中需要人与人之间的分工合作，分工源于生产的需要，在分工中产生交往，“当共产主义的手工业者联合起来……他们也同时产生一种新的需要，即交往的需要”。然而，在技术发展和人的认知逐渐“全方位”的背景下，人在物质生产前可以在脑海中构建图景，反映了精神交往的相对独立性。人们在物质以外构造各种精神交往的独立形态，物质活动和精神交往于交织中促使生产力发展，交往为双方营造共通的意义空间，形成共通感，交往成为一种社会力量存在，地域性的个人为世界历史性的、真正普遍的个人所代替。在生产力普遍发展的前提下实现普遍交往以及在物质交往的基础上形成精神交往和世界交往，并且在这些交往形态中，人作为主体在交往活动中发挥着重要作用。物质生产所产生的物质交往是生产关系的体现，以语言为中心的精神生产所传递的精神交往则是人际互动的本质。那么，信息传播作为精神交往的体现，于物质生产和精神生产的双重作用中予以阐扬，也是社会存在和社会意识辩证运动的更深层次的“张扬”。因此，交往理论是唯物史观的基本范畴，交往源于主体的能动性活动并在行为外显过程中实现交往。随着物质实践活动在全球范围内的扩张，人类历史突破民族限制发展到世界历史阶段，并在此基础上催生世界交往，这是马克思主义基于唯物史观视域关于传播的理论阐述。

（二）人的发展“三形态”

1．人是“自然物”

“人的依赖关系（起初完全是自然发生的）是最初的社会形态，人的生产能力只是在狭隘的范围内和孤立的地点上发展着。”这是马克思和恩格斯提出的第一大形态，即人的依赖形态，此时的人是彼此独立的自然物，人因独特的自觉精神活动和交往（意识）与动物有根本性的区别，人可以有意识地将生命活动作为思想的对象加以思考，在人类的头脑世界中不仅可以能动地再现自身，也可以在人所创造的实践中直观自我。所以，意识性的认知是人类所独有的，并且在时间的洗涤中予以丰富，由此展开自身的生命活动而感知周围世界，成为层次化复合型的存在主体。同时，人作为存在和思维的统一体，交往不仅是为了满足人们生理性的本能需求，也是为了丰富主体的思想境界，形成一个更加立体化且具有全面性的人。

2．人是“社会物”

人的产生伴随着社会的形成，当人脱离人的依赖跨入物的依赖时，人就成为自然物和社会物的双重组合体，交往是彼此独立的主体从“自然物”转为“社会物”的中介，也是社会形成的基础。形神契合的主体在物质交换中必然离不开精神交往，而这些交往形式的扩大推动社会结构的形成和变革，又深受社会结构的制约和限制。因此，交往是一种社会力量，是形成纷繁复杂社会的基础，社会是人类普遍交往的产物。人们于交往互动中意识到彼此并不是孤立的自然物，而是处在一定社会环境中的个体，换句话说，人的独立是社会中的独立，并不是生物本能般的天生孤立，人的独立状态也是在社会环境的熏陶中自然而然产生，不能脱离社会存在而存在。交往产生社会，社会由人构成，社会关系于人际交流的基础上生成，必须注重主体间的人际传播。

3. 人是“镜中我”

在交往活动中，每个个体都是从“我”出发，以“我”的感官感觉为认知体系，“我”将自身的知情意物化到产品中，在交换中“我”感受到“我”的产品能够满足你的需要，实现“我”的社会价值。在这一过程中，“我”作为你与世界联系的中介，在交换中建立社会联系，实现“我”的社会本质。人在与他人的交流中认识和反映自我，也就是“镜中我”(社会我)。自我认知是在和他者的交流活动中产生的对自我的客观评价和反映，判断和反映则类似于一面镜子，个人通过这面镜子来认识自我，在相互认知中获得自我认知，形成对于事物的同一判断，是交往的相互知觉和复杂社会联系作用的结果。从人内传播角度而言，自我是主我和客我交互作用的产物，美国社会学家乔治·赫伯特·米德(George Herbert Mead)认为：主我是个体的主观意识，客我是他人对“我”的评价，借助人际传播予以建构，主我是主观意识的体现，客我是社会关系的映射，在主我和客我的相互统一中，形成一种新的自我，也是自我互动的实现。自我互动和交往互动处于辩证互动的过程，在此中获得对于自我全面的认知和理解，也就是马克思和恩格斯所说的第三个阶段，每一个人都可以获得一种全面而自由的交往，交往是个体生命的永恒追求，也是自在生命的自由表现。

三、马克思主义中国化的传播理论

中国共产党孕育于中国传统文化之中，生来就是它的弘扬者，骨子里流淌着中国传统文化的优秀基因。在历史洪流和时代发展中，坚持文化传播和继承是贯穿始终的。各阶段党的领导人也深受启迪，从他们治国理政中我们都可以看到中国传统文化的氤氲。正因为他们的积极推动和广大人民的主动弘扬，中国传统文化的传播和继承才能持续不断，中国传统文化博大精深的内涵才能深入人心。

毛泽东从小接受中国传统文化的熏陶，热爱史书典籍的他在很小的时候就可以将经典名著与现实紧密联系，为其思想形成奠定了深厚基础。毛泽东认为，不能割裂历史，不能遗忘文化，要继承好这一宝贵财富。早在抗日战争时期，毛泽东就率先提出，中国传统文化是民族的根脉与灵魂，关系民族发展的命脉，并指出对于历史文化遗产要批判继承。新中国成立后，毛泽东率领全国人民吃苦耐劳，艰苦奋斗，弘扬传统清廉美德，铲除贪污腐败。社会主义改造完成后，系统提出“双百方针”，认为有利于社会主义建设，有利于人民的文化都应当支持，促进了中国优秀文化的传播与繁荣。正因如此，在新中国成立初期，中国文化取得了光辉成就，形成了大繁荣的文化事业。“实事求是”这一精髓也源于中国传统文化中求真向上与务实致用的内容。

邓小平在改革开放时期，不但坚持贯彻毛泽东对待传统文化的方针，还提出要结合我国具体国情，吸收有益成分。邓小平善于运用中国传统文化解决社会治理问题，其思想受到中国传统文化中的务实思想的启迪；同时，致力于改革开放也来源于中国传统文化的传统改革思想，世界科技飞速发展，日新月异，邓小平认为我们不能停滞不前，需要快步赶上；其提出的“小康社会”也直接来源于中国传统文化中的小康理想，意思是希望老百姓过上安居乐业的生活。为和平解决台湾问题，“一国两制”伟大思想诞生了，也发挥了其作用。这一思想正是源于“大一统”和“中庸”的思想。这一伟大思想不但促进了香港、澳门的顺利回归，也成了极具特色的中国制度。

江泽民同样有着深厚的文化底蕴，在 20 世纪末国际社会竞争激烈，多极化趋势明显的历史背景下，江泽民重视民本，反映了时代需求。江泽民明确指出，中国传统文化是先进文化的根脉，坚持传承和弘扬是战略性的要求，要弘扬民族精神与时代精神。我国文明长久以来之所以能够存续发展、繁荣昌盛，离不开对文化的坚守和创新，为跨世纪发展提供了重要的文化基石。我们要更好地利用传统文化的丰厚滋养，不断弘扬和培育民族精神和时代精神。

胡锦涛在面对我国经济高速发展，社会衍生出部分不良风气时，提出社会主义荣辱观，为人们树立了正确的人生观、价值观。社会主义荣辱观正是吸收了中国传统文化中的“知荣辱、重德行”等思想，构建起和谐社会的文化基石。胡锦涛深刻认识到，综合国力的竞争离不开文化软实力的竞争，而中国传统文化是文化软实力的重要组成部分。所以，提出要大力弘扬传统文化，让其闪耀时代光芒，迸发创造活力。同时，胡锦涛注重文化交流互鉴，坚持“走出去”战略，积极向全世界推介中国传统文化，在碰撞中展现文化魅力，增强文化吸引力，提升其国际影响力。

习近平总书记对于中国传统文化尤为重视，相关论述颇多。习近平总书记的讲话中，总是充满了文化底蕴，散发着文化香韵，对于经典的使用恰到好处，充满了强大的个人魅力，带动人民积极学习并主动传播。党的十八大以来，习近平同志多次在重要讲话中引经据典、守正创新，阐释其深厚的文化情怀。

首先，习近平总书记强调，要深入挖掘其价值精髓，这是传承和发展中国传统文化的前提。其内容博大精深，要搞清楚其历史渊源、发展走向、价值观念等，只有有的放矢、交流互鉴，才能焕发持久魅力。继承和发展不是形式主义，需要创造的勇气与创新的远见。另外，深入挖掘其宝贵内涵，不仅要阐释我们熟知的史料，也要从卷帙浩繁的典籍中挖掘最有价值的部分，传承思想道德资源，践行文明社会新风尚。要加大正面宣传力度，鼓励全国人民都成为传播中国传统文化的主体力量。

其次，创新传播方式，展现文化魅力。习近平总书记指出，中国传统文化的传承既不是盲目排外，也不是一味复古，要做到古为今用、洋为中用，继承积极因素，摒弃消极因素，力求实现创造性转化和创新性发展。“两创”（创造性转化、创新性发展）方针，为优秀传统文化传播提供了基本指向，符合中国传统文化发展的内在规律。

创造性转化，是指针对具有现实价值的那一部分，在赋予新的时代内涵的同时创造出新的内涵与呈现形式，使其焕发出新的时代价值及崭新的生命力。简言之，就是使之新生，实现新价值，就是把中国传统文化与现代文明融会贯通，用现代人最日常的方式加以传播，使传统与现代协调融通，从而获得人们的喜爱与赞同。创造性转化，要尊重文化，不能只是简单机械地照搬照抄。这就要求传播者不仅要注重阐释文化理念，而且在传递其优秀内里时，要善于将其嵌入现实，增强时代契合度。在传播中，要敢于创造，深化其内核，深厚其机理，坚强其躯体，发挥出“以文化人”的威力，为实现民族复兴注入强大动力。

创新性发展，是指在继承中要善于创新发展形式，通过赋予其新的发展形式来拓宽传播路径，不断在创新中使之得到完善和发展，不断在发展中使之深化和巩固，发挥时代感召力。其目的在于，使其薪火相传、与时俱进。中国传统文化宝库，超越时空、代代相传，作为后人，我们不应将其尘封或是束之高阁。习近平总书记认为，文化传播新路径的探索，来源于对中国传统文化底蕴的深刻领悟。我们既然拥有这样一个丰富的文化宝库，应当积极利用其价值，坚持创造性发展，培育文化自信。中国传统文化，犹如伟大复兴的车轴，激发其生命力是当前的首要问题，这也是文化自信的题中之义。面对层出不穷的传播方式的选择，要用好网络媒体平台这一重要思想宣传主阵地。科技高速发展的当下，借助互联网传播传统文化，已成为提升文化影响力的关键手段。

第三节　中国传统文化对外传播的重要意义

一、有利于促进现代文化产业的发展

促进文化事业的蓬勃发展是实现中华民族伟大复兴的前提，是增强中华民族文化软实力的重要保证。文化产业的规模在很大程度上能够体现社会文化的发展水平。同时，文化产业的发展必须符合社会的客观需要，适应当前社会主义经济市场。

中国传统文化历经千年积淀，凝聚了中华民族的智慧，具有雄厚的群众基础，也是中国人最容易接受的文化类型。尽管随着现代社会的发展不断涌现出越来越多的新文化，但很多地方特色文化风俗仍在无形中指导着各地文化产业的发展，如东北二人转、天津相声等，都是在借鉴地方传统文化的基础上发展而来的。

在经济全球化浪潮下，文化软实力在国际竞争中占据着越来越重要的地位，发挥着越来越重要的作用。世界各国正在努力把民族文化和前沿技术结合起来，并使其在全球范围内广泛传播，如韩国的电子游戏文化、日本的动漫文化、美国

的漫威文化等，把全球推向了文化发展的崭新时期。在这样的背景下，唯有传承和发展中国传统文化，将中国传统文化的优势充分发挥出来，才能抵御外来文化的入侵。当前，我国也要把中国传统文化放在文化产业发展的首位，打造具有中国特色的民族文化品牌。

二、有利于促进中华文明的传承和发展

传承多年的中华文化当中，蕴含着许多有价值的部分，特别是在传承中留存下来的精华部分，代表着中华民族精神、中华文明，乃至是世界文明的重要组成组分。纵观其历史命脉，发源于农耕文明，在封建王朝壮大、发展，逐渐多元化，在近代历史阶段受到西方文明的影响与冲击……在历史发展中不断成长，取得了卓越而辉煌的成就。中华文化在发展中，与人们紧密联系，融入人们生活的方方面面，具有强劲而持久的生命力。正是这种生命力，使得中国传统文化在应对近现代的时代变迁与社会变革时，具有了与时俱进的生机与活力。

传统文化在一定程度上是中华民族精神的一种体现、载体。这一精神被持续传承并不断发展，对于人们的思想观念、生活习性等都产生了深刻而持久的影响。其作为构建民族文化的基石，在历经时间长河的检验与冲刷下，变得更加坚定与稳固，为民族和国家的发展不断注入新鲜的血液和强大的精神力量。就像已有的“和”文化，其发源于古老的农耕文明，与农耕时代的社会状况息息相关。因而，伴随着农耕文化的传承，“和”文化也逐渐发展并传承至今，在不断地巩固下成为中国传统文化当中不可或缺的一部分。

在历史的长河当中，中国传统文化已经具备了适应环境变迁的能力，这种能力可以在时代的变迁当中促进传统文化的创新发展，使得传统文化逐渐具备包容性与开放性。正是这种能力，使得中国传统文化的生命力在曲折的历史进程当中不断增强，创造出丰硕的文化成果。这些成果涉及方方面面，包括诸子百家学说、科学技术层面的历史突破（如在天文、历法、数学、医学等领域取得了重大的进步）。同时，彼时的中国也开始关注外面的世界，文化的交流与融合也在同步进行，吸收了外来文化的积极思想与成果，极大地丰富了中国传统文化的内涵与价值。因此，历经挫折与磨难的中国传统文化，依靠其顽强的生命力与包容特性经受住了历史与时间的考验，铸就了一系列光辉成就，也留存了创造未来的无限可能。

三、有利于更好地实现乡村振兴战略

（一）为乡村振兴提供持久动力

改革开放至今，在党的各项方针、政策的指导下，我国乡村建设取得了令人瞩目的伟大成就，农业生产技术逐步成熟，农产品结构逐步完善，新农村建设取得了重大进展，但与此同时，我国乡村仍存在许多亟待解决的问题，如农业产业化管理体制滞后、乡村文化建设不足等，乡村发展问题仍是制约我国经济社会高质量发展的一块“短板”。据此，党的十六届五中全会提出“生产发展、生活宽裕、乡风文明、村容整洁、管理民主”的乡村建设总要求。中国特色社会主义进入新时代，社会主要矛盾的转化对我国乡村建设提出了新要求。党的十九大提出实施乡村振兴战略，它是结合社会主义进入新时代和面临的诸多新特点作出的重要部署，是构建新时代中国特色社会主义事业的必然选择。党的二十大提出：“全面推进乡村振兴，坚持农业农村优先发展，巩固拓展脱贫攻坚成果，加快建设农业强国，扎实推动乡村产业、人才、文化、生态、组织振兴。”表明我党将以更有力的举措，汇聚更强大的力量，全面推进乡村振兴。

乡村的振兴离不开文化的振兴。文化建设作为乡村振兴的“根”与“魂”，是实现乡村振兴的重要基础。近年来，乡村文化发展平台的吸引力逐步提升，越来越多的人投身到乡村文化振兴的事业中去，乡村文化建设取得了明显进展，有力地促进了乡村社会的迅速发展。但从总体上来看，影响乡村振兴战略实施的文化瓶颈问题仍然存在，乡村文化经济发展滞后，文化人才培育与管理体系尚未健全，优秀传统文化资源尚未深度开发和综合利用，文化产业结构不合理等现象仍然比较明显。当前，中国乡村传统文化发展现状和国家实施乡村振兴战略需求之间存在的差异依然较大，乡村文化建设仍是我国社会主义乡村建设的一个“短板”。

新时代，需要明确中国传统文化的发展现状，大力弘扬中国传统文化，以促进乡村振兴，为乡村振兴注入源源不断的精神动力。

（二）有效提高乡村治理效能

党的十九大首次提出实施乡村振兴战略，如今，全面建成小康社会的目标已如期实现，为巩固脱贫攻坚重要成果，防止返贫致贫，更要长期坚持乡村振兴战略，坚决打好乡村振兴这场持久战。提升乡村治理效力，建设和谐乡村，是深入贯彻落实乡村振兴战略的一个重要方面。

礼法合治，德主刑辅。习近平总书记指出：“治理国家、治理社会必须一手抓法治、一手抓德治。”中国传统文化博大精深，“礼法合治”的思想一直是儒家经典的基调，《荀子·成相》提到“治之经，礼与刑，君子以修百姓宁。明德慎罚，国家既治四海平”，足见“礼治”的重要性。熟人社会是乡村社会的重要特征，乡村社会素有安土重迁之传统，大多数乡村人“生于斯亦长于斯”，人—土地—乡村结成密切联系的整体，村民自治为其治理的主要形式。在村民世代交往的过程中，乡村人在精耕细作、丧葬嫁娶、兴筑房屋的过程中协作交流，彼此熟悉。同时，乡村人在交往的过程中形成一套独有的伦理规范和交往规则，矛盾冲突的处理也主要以村规民约为重要参考，“礼治”优于“法治”。村规民约是在约定俗成的基础上，依据国家法律、社会道德准则和乡村实际制定的重要规章制度，涵盖了乡村生活的方方面面，是中国传统文化中规制文化在当代的表现形式之一。在治理乡村的过程中，各种争执矛盾时有发生，若是不论问题大小全部依靠法律解决，容易导致政府行政成本增加，部分社会问题也无法得到及时有效的处理，从而影响乡村治理效力，阻碍和谐乡村的建设。村规民约填补了乡村自治中法律制度的不足，其制订和实施程序的复杂程度远低于法律制度，弹性空间大，且因地制宜，更适宜当地乡村发展现状，大大提升了乡村治理效能，降低了乡村治理成本。

当前，大力弘扬中国传统文化，扎实推进培育文明乡风，充分发扬其弘德扬善的“软约束”作用，促进乡村社会稳定发展，是提高乡村治理效能，建设社会主义和谐乡村的应有之义。

四、有利于巩固社会主义核心价值观的引领地位

社会主义核心价值观只有成为人们自觉遵守的规范，才能正确指引中华儿女的思想行为。同时，对于社会主义核心价值观而言，中华文化是其得以形成的根源，因此两者之间的关系非常密切。作为拥有辉煌成就的四大文明古国早已退出了历史的舞台，但是唯一延续至今的唯有中华文明，这主要得益于中国传统文化的民族向心力和凝聚力。中国传统文化所倡导的“天下为公”“和而不同”的基

本理念可以在很大程度上影响人们的思想行为，因此，社会主义核心价值观的培育应吸纳中国传统文化中的养分。中华儿女应认真审视和思考社会主义核心价值观的形成本源，在此基础之上树立和增强文化自信，从而展现其特有的民族性特征，进而使其深植于中华大地，显著增强生命力和历史说服力，最终能够充分认同，并将其贯彻落实到具体的行动中。

社会主义核心价值观由国家层面、社会层面以及个人层面的价值目标构成，其思想底蕴均源自中国传统文化。从国家层面来看，中国传统的思想文化当中比较具有代表性的就是“水可载舟，亦可覆舟”“和为贵”等；从社会层面来看，最具有代表性的思想则是“不疏贵贱，一断于公”以及“礼法共治”等；从个人层面来看，最具有代表性的思想则包括“人无信而不知其可也”“天下兴亡，匹夫有责”等。这些思想意蕴完全契合了我们当前所倡导的社会主义核心价值观的理念，由此也充分说明了中华民族发展的目标从古至今从来都不曾改变过。因此，为了顺利实现三个层面的价值目标，使国民在价值观方面所存在的疑惑得到化解，就应汲取和借鉴中国传统文化，从中学习和利用先人所积累的宝贵经验及智慧，继承和大力弘扬千百年来源远流长的向善的思想文化，使之能够更好地服务于社会主义核心价值观的培育和实践。

五、有利于实现中华民族伟大复兴的中国梦

实现民族伟大复兴的中国梦，是中华儿女的伟大梦想，要想实现这个目标，就要传承并弘扬中国传统文化。假如中国梦没有中国传统文化的滋养和助力，就像无源之水，无本之木。中国梦是中国传统文化价值理念的具体体现，是我们中华儿女孜孜不倦追求的目标。中国传统文化中的“天人合一”思想有利于人与自然之间保持和谐的关系，“以民为本”的思想对当下治国理政具有指导意义，“居安思危”的科学思想有助于实现中华民族伟大复兴的中国梦。

中国的民族众多，各个民族的生活习惯和文化习俗都存在一定的差异。千百年来，中华民族之所以能够繁荣昌盛、保持和谐稳定，关键就在于中华各民族儿女对传统文化的传承和弘扬，得益于其所产生的强大民族认同。中国传统文化对各民族的发展供给了源源不断的“能量”，从而使大家更加坚定地认同并践行传统文化。现如今，伴随文化多元化地发展，我们必须传承传统文化，并使其与文

化自信建设相融合，解决社会道德滑坡、美德遗失等问题，促进民族向心力和凝聚力的有效提升，使西方对中国的不轨企图和阴谋等被粉碎，创造出新的时代精神，更好地团结广大中国人民，以无比强大的中国力量推动中国梦的实现。

六、有利于建成社会主义文化强国

新时代中国正处于实现中华民族伟大复兴的关键期，要想在激烈的竞争中掌握话语权，使文化软实力同自身经济实力相匹配，离不开文化自信的支撑。党的十九届五中全会明确提出，到 2035 年建成文化强国，在全社会营造浓厚的文化氛围。

（一）维护国家文化安全的需要

文运同国运相牵，文脉同国脉相连。文化安全事关国家稳固、民族团结和精神传承，与文化自信息息相关。作为一个有机整体，文化自信包含了中国传统文化自信、革命文化自信和社会主义先进文化自信。其中，中国传统文化是中华民族的根与魂，如果缺少其精神滋养，国家文化安全则难以维系。新时代以来，在党的坚强领导下，我们坚持以社会主义核心价值观引领文化建设，群众性的精神文明创建活动扎实推进，国家文化事业和文化产业繁荣兴盛，国民的文化自信水平显著提升，文化活力和创造力得以激发，为建成社会主义文化强国提供了重要保障。在文化多元化背景下，当今中国也积极传播中国传统文化，不断提升其影响力和感召力。但我国的文化地位和水平同经济发展状况还未能很好匹配，与发达国家存在一定差距，实现文化强国的目标还任重道远。当前，中国传统文化呈现给世界的大多是中华美食、功夫和传统服饰等浅层文化符号，尚未过渡到深层精神文化理念。而西方国家不仅对外输出本国文化，还吸收其他民族文化为己所用，试图借助影视和动漫作品等渠道，实现中国历史与文化典故，如美国电影《花木兰》和《功夫熊猫》等。日本在动漫作品和游戏产业中大量融入中国传统文化元素。在文化交流碰撞中，中国传统文化不可避免地面临西方“强势文化”和“霸权文化”的冲击，引发了传统文化认同的危机，给中国传统文化自信带来了挑战。由于受到西方普世价值观和历史虚无主义等的影响，部分大学生陷入文化自信缺失境地，迫切需要引导学生发自内心热爱本民族文化，坚守中华文化立场，坚定不移地传承中华优秀传统文化，在世界各国文化的交流互鉴中，使中华文脉赓续传承，发扬光大，维护国家的文化安全。

（二）提升国家的文化软实力

当今国际社会，正处于前所未有的变革时期，中国也面临着前所未有的历史机遇与挑战。应当顺应时代与国际发展趋势，促进国家文化软实力的提升，构建符合新时代发展要求的中国特色社会主义核心价值体系。中国传统文化中所蕴含的丰富的文化理念、人文情怀与哲学思想对现在与未来的文化发展具有重要的意义，也值得大力研究、发展与创新。

国家文化软实力的提升需要民族文化的助力。文化软实力对于国家而言，具有凝聚民族力量、提升民族创造力的重要作用。对国家自身来说，民族文化的重要性体现在对民众思想的潜移默的改进，这种力量具有长期的历史效应。这种效应的发挥源自社会群体对民族文化的认同，因此，使得民族精神与风骨在几千年的发展传承中已经融入民族血脉当中，成为团结、凝聚中华民族的重要纽带，这也正是民族凝聚力的根源所在。在经济全球化的背景下，世界文化之间的交流与融合不断深入，一方面使得中华文化拥有了更广阔的世界舞台，另一方面也使得中华文化面对来自其他国家、区域的文化更加自信。

我们要正确认识到中国传统文化对国家价值体系构建的重要性，尤其是在今天，构建新时代中国特色社会主义价值体系离不开民族文化与民族精神的参与。不同国家的历史与文化，也孕育出不同的民族文化观念与价值体系。这种观念与价值体系一旦形成，就可以影响整个群体的行为选择、价值取向，按照某种特定的“约定”，指导行为选择。中国传统文化中所蕴含的基本精神、价值取向与规范理念等，都会成为新时代中国特色社会主义价值体系当中的关键力量。

价值体系的构建在一定程度上也可以引导人们的思想，规范人们的行为，并对解决当下的社会问题、促进社会和谐发展具有重要意义，特别是对解决贫富差距过大、个人主义膨胀和社会道德偏失等问题具有强有力的作用。因此，这些问题的解决不仅需要从当下社会找寻问题的根源，更需要从民族文化与民族精神当中寻找精神力量与民族智慧，需要社会群体在民族文化中感知民族精神并凝聚社会共识。

七、有利于铸牢中华民族共同体意识

中华民族多元一体是先人留给我们的丰厚遗产，中国传统文化作为中华民族从多元到一体的重要见证，是铸牢中华民族共同体意识的文化根基。习近平同志在党的十九大报告中强调：“全面贯彻党的民族政策，深化民族团结进步教育，铸牢中华民族共同体意识。”我们要增进的文化自信，是中华民族对于自身文化理想、价值、活力和前景的确信，蕴含着中华民族对自身文化理想的坚守，对文化价值的认同，对文化发展生命力的肯定。加强中国传统文化自信培育，是铸牢中华民族共同体意识，牢固维系各民族团结统一的迫切需要。

（一）铸牢中国传统文化认同的需要

文化认同作为对一个民族基本价值的肯定性判断，是民族团结的根脉，是文化自信的前提。党的十八大以来，在中国共产党的正确领导下，我国各族人民团结一心，携手奋进，推进中国传统文化的传承、发展与创新，民族团结进步事业成效显著，中华民族的面貌发生了历史性改变，各族人民的精神生活不断丰富，对中国传统文化的情感认同更为深厚。如果中华儿女不认同源远流长、博大精深的优秀传统文化，对中国传统文化的独特价值和生命力不自信，中华民族共同体意识将难以铸牢。因此，新时代的发展呼吁我们坚持各民族相互尊重、学习借鉴的原则，铸牢大学生的中华民族共同体意识，既要引导各民族学生认可中国传统文化，对中国传统文化取其精华、去其糟粕，批判继承、古为今用，推动中国传统文化的创新发展，更要描绘好中国传统文化的发展前景，增进学生对中国传统文化的认同，增强学生对中国传统文化的获得感、认同感和参与感，推动各民族像石榴籽一样紧紧抱在一起，构筑中华民族共有的精神家园。

（二）铸牢中国传统文化自觉的需要

中华各族人民民心相通，守望相助，团结和睦，亲如一家，延续了中华民族多元一体的精神血脉，创造了灿烂的中国传统文化。大到“但使龙城飞将在，不教胡马度阴山”“犯我者虽远必诛”，小到“落叶归根”“魂归故里”，都是中华儿女归属感的有力彰显。中国传统文化连接并凝聚着多样化的民族精神要素，促进了国家的繁荣和民族的复兴，其内涵与时俱进，涌现出舍生取义、精忠报国的奉献精神，居安思危、忧国忧民的民族忧患意识和救亡图存、坚强反抗的民族至上观念等。我们要想铸牢中华民族共同体意识，需要弘扬中华民族“修身、治国、平天下”的主流文化精神，倡导“天下己任”的民族大义追求，更要主动践行“天将降大任”的自觉担当。高校要善于发挥中国传统文化强大的凝聚力和感召力，唤醒大学生传承中国传统文化的自觉意识，鼓励学生自觉肩负起铸牢中华民族共同体意识的责任，推动民族团结进步事业蓬勃发展。

（三）铸牢中国传统文化自信的需要

历史和现实表明，没有哪一个民族在对自身文化持怀疑、鄙视甚至自卑态度时，仍能够实现民族振兴和文化发展。高度的文化自信，是一个民族在文化上有所创新创造的精神底气，推动着一个民族在激烈的国际竞争中站稳脚跟，走在时代发展的前列。正是在中国传统文化的精神滋养之下，中华民族的归属感、认同感、尊严感与荣誉感才得以不断巩固和增强。铸牢中华民族共同体意识在本质上是中华文化的“寻根”过程，其核心就在于各民族在文化上达成价值共识，以中国传统文化为凝聚各民族的精神力量、维系各民族的精神纽带。当今中国，随着社会信息化进程的加快，加之语言文字等方面造成的沟通障碍，各民族发展水平和发展层次出现了明显偏差，极易产生民族隔阂，引发民族矛盾。在实现中华民族伟大复兴的关键期，要想续写好时代发展的新篇章，必须铸牢中华民族共同体意识，激励学生在新时代继续弘扬中国传统文化中兼收并蓄、宽容豁达的高贵民族品质和精神气度，参与传承和创新中国传统文化的实践，营造“中华民族一家亲，同心共筑中国梦”的和谐社会氛围，展现时代新人的担当。

八、有利于促进世界各国的共同发展

和合文化、修齐治平、诚信文化、天人合一是中国传统文化的杰出代表。弘扬和发展中国传统文化，是中华儿女应共同坚守的历史使命和时代责任。

（一）和合文化推动世界和平发展

“和”最早见于甲骨文，为和谐、和睦、和平、和善之意；“合”最早见于金文，为聚合、汇合、结合、联合、融合之意。“和合”一词最早出现于《国语·郑语》：“商契能和合五教，以保于百姓也”，意为，商契能够将五教加以和合，使得百姓安居乐业，是一种协调各类关系、规范，以及治理国家的方式。“和合”是中国文化的精髓，中国传统文化追求“和”，推崇“合”，强调和谐与合作。孔子认为，只有转换思维，站在他者的立场思考问题，设身处地为他人着想，双方才能有合作，而后才有和谐。同样，中国传统著作《周易》，特别强调“交”，即交往、交流。“天地交而万物通，上下交而其志同也”（《泰·象》），程颐解释《泰》卦曰：“阳气下降，阴气上交也。阴阳和畅，则万物生遂，天地之泰也”。可见，天地之道，有交才有泰，无交则无泰，交而后能通，通而后能顺，顺而后能达。因为，“交”有交往、交流之意，事物只有通过交流和交往才能够解决彼此之间的矛盾，消除隔阂，建立合作，达到和谐，最终得以发展。“和合”是中国传统文化的真精神，是中国传统文化的核心价值。

中国传统和合文化在处理人际关系方面具有独特的辩证智慧。面对世界文化的多样性，中国传统和合文化倡导以开放包容的态度正确理解和尊重差异性，消除隔阂，促进人与人、国与国、民族与民族之间和谐相处。中华民族“万物并育而不相害，道并行而不悖”的处世价值观，正是中国传统和合文化的重要组成部分。

和平与发展是时代发展的主题。当今世界是一个你中有我，我中有你的整体，只有和平共处，相互合作，开放包容，取长补短，才能有利于世界和平发展。中国在国际交往中始终坚持“和合”的理念，适应世界，并融入世界，积极为世界和平发展贡献中国智慧、中国力量。

（二）修齐治平提升个体道德修养

中国传统文化提倡“仁民”“爱物”“正德”“修身”，用仁爱之心去爱物，用正己之心去修养，就可以促进万物生长，使万物各得其所、各得其生，使人民各得其养，达到格物致知、平衡稳定、和谐统一的状态。无论是“民主”还是“仁民”，是无论“爱物”还是“博爱”，均提倡以人为核心，重视人的道德建设。

儒家思想所倡导的个体心善修养是儒家文化“仁政”“爱物”“正德”“修身”的基础，经典著作《大学》中，阐述了“欲治其国者，先齐其家；欲齐其家者，先修其身；身修而后家齐，家齐而后国治，国治而后天下平”的修身治国思想，古人也因此将“修身”“正己”与治国理政紧密联系起来，治国平天下必修身，修身则利于治国平天下。这一思想经过几千年的传承与发扬，滋养了无数的中华儿女，孕育积淀了中华民族“修身治国齐家平天下”的家国情怀。

（三）诚信文化促进社会经济发展

中国传统诚信文化经历了多种阐释与解说，经过不断发展与演变，是具有基础地位的道德范畴之一。

首先，诚信是个人道德修养的内化要求，也是实现个人与天道连接的重要渠道。从儒家、道家、墨家等学术派的思想可以看出，诚信最基础的作用体现在个人品格的塑造上，主要是强调诚信思想的良好确立对个人修养的完善所起到的关键作用，同时，传统文化思想将天道作为人的思想的物质起源以及发展指南，诚信遵循了天道的道德要求，是个体与天地自然连接的纽带，是一种天道实体化的表现形式。

其次，诚信是实现人际交往的道德准则。中国传统重视宗亲血脉，人们的交往范围限定于亲缘关系之中，在如此密切的关系网下，亲缘思想要求对他人乃至所有交往对象建立相互信任的桥梁，以确保交际活动的良好开展，社会的稳定发展也需要进一步推动人与人之间的信任，强调将诚信作为与人交往的行为准则。

最后，诚信是保证国家稳定的重要因素，儒家强调君主取信于民的重要性，道家将“无为而治”的统治思想与诚信思想相结合，强调君主在进行管理时也要遵守诚信原则；法家将诚信思想法治化，作为国家管理的规范制度。不同的学派学者提出了诚信对国家管理的重要性，可以看出传统诚信思想在国家管理方面所起到的重要作用。

自十八大以来，习近平同志就诚信问题发表了一系列重要讲话，在中国传统诚信观的基础上，融合了马克思的诚信学说，同时结合中国特色社会主义现代化要求，进一步扩大了诚信内涵，围绕诚信展开了重要论述，形成了中国社会极具现实意义的当代诚信观。

相较于传统的诚信文化内涵，现当代的诚信文化覆盖面更为全面，在传统诚信内涵注重个人情感内化价值的基础上，增加了对个人外化诚信行为的规范要求，同时在社会诚信方面，也不仅主要作用于人际交往，还作用于现当代经济体制的建设。在对诚信文化的要求上也更加具有规范性和法治性。总体来看，现当代的诚信观较传统诚信观内容更加完善丰富，要求也更加具有社会价值。

习近平总书记所提出的当代诚信观作为习近平总书记治国理政思想的重要组成部分，具有丰富的内涵，主要涉及诚信的时代价值、增加诚信建设的途径等方面。

首先，诚信是个人的良好品德，是和谐社会的重要特征。社会主义和谐社会的重要标志就是“诚信友爱”，为了构建人们之间交往的和谐氛围，避免钩心斗角的猜疑争斗，要求社会中的各个成员做到讲诚信、守承诺，以个人力量为基础汇聚社会和谐的总动力，促进打造公平互赢的新型社会体系。守信范围不拘泥于传统的血缘关系，更要面向社会的各个层面，进一步增强社会的凝聚力与向心力。通过加强思想道德建设，确保社会稳定有序进行。

其次，当代诚信的价值还体现在国家之间的交流上，在外交方面，习近平总书记提出以“亲、诚、惠、容”的外交理念处理与周边的国家关系，在“亲、诚、惠、容”的理念中，“亲”是目的，“诚”和“容”是主要手段，“惠”是基础。“惠”主要指经济方面，而“诚”和“容”主要指安全和政治方面。“亲、诚、惠、容”内涵丰富，是对“睦邻、安邻、富邻”的进一步提升。这里的诚信外交理念体现了中国作为世界大国的信誉格局。

（四）天人合一改善自然生态环境

中国传统文化中，从古至今就蕴含着“天人合一”的生态思想。“天人合一”简单说来，即自然与人和谐统一。

儒家文化倡导“仁民爱物”“天人相参”“天地之道美于和”等生态思想；道家文化倡导自然生态哲学，认为“自然”是宇宙本来的状态，是人生存的根本，从自然中来，最后也要回归到自然中去；汉代董仲舒认为“天人之际，合而为一”，贯通天与人，将天人合为一。也就是说，天是主宰万物的神，人要遵循天道，天与人和谐共生，这对新时代生态文明建设具有很好的借鉴意义。

古代中国人，较早地提出了人与自然和谐相处的理念，老子说“天道无亲，常与善人”，也就是说天道的运行没有亲疏远近，它是一个自然而然的过程。只有顺应天道，尊重自然规律，符合自然规律，才能保持物物平衡，达到稳定和谐的状态；如果违背天道，违背自然规律，就会受到天道的伤害。随着经济社会的高速发展，人们的物质生活水平大大提高，工业化、智能化带来诸多方便的时候，也产生了不可避免的问题——地球承载力已经不能满足人类的发展需要，社会生产生活实践对自然界带来了一定的影响。

为此，习近平总书记提出“绿水青山就是金山银山”的理念，致力于构建人类命运共同体，根植于“天人合一”“道法自然”的哲学传统，提倡在尊重自然规律的基础上发展经济，既要发展经济，也要充分保护自然环境，坚持人与自然和谐共处，走绿色发展、低碳发展、可持续发展之路，这既体现了人类对自然的尊重和敬畏，也表达了人类对美好生活环境的追求。地球是全人类共同生活的家园，是全人类共同信赖的生态体系，只有坚持和遵循“和谐共存”“天人合一”的生态观，保持生态平衡，才能促进人类社会的可持续发展。

第四节　中国传统文化对外传播情况

一、中国传统哲学对西方文明史的影响

中国的古老文化，存在经验主义的文化因素，同时也存在逻辑性文化因素。最具代表性的是儒家思想、道家思想与墨家思想。而中国传统文化与西方文化相比较，都存在沟通的问题。例如，西方哲学文化中，主张以个人的重要性为主，对于社会环境与个人本身来说，在整体发展中有意无意地表现出反抗个人主义的发展特点。其实，中国传统文化能够更好地解决个人危机，可以满足人们的发展需要。同时，西方国家对中国的道教、禅学以及《易经》颇有兴趣，这并不是无意中的巧合，而是社会发展的实际需要。

很多西方哲学家在自己的文学作品中，体现出非常认可中国哲学文化的特点，尤其对中国儒家思想以及人伦思想有着较高评价。欧洲有些国家以中国传统文化为榜样，批判旧制度。在某种程度上，这促进了西方文明的发展，中国哲学文化的人文精神在西方世界中掀起了一阵浪潮。很多西方商人来到东方，也是文化传播的一种方式。很多西方人了解中国文化后，对中国的哲学文化产生了很大的学习兴趣。

从张骞出使西域开始，中国就打开了与西方文化交流的大门，丝绸之路为东西方的交流与发展开辟了一条通道，促使东西方文明不断借鉴。虽说人本身有着肤色以及性别的差别，但是在哲学领域，就此将这些融为一体，不会出现“异类不比”的现象。西方哲学在思考内部危机的时候，很多哲学家已经厌倦用传统的思维模式去研究问题。而孔子所提出的“和为贵”，强调人与人之间和平共处的永恒性特点，在文化传播过程中也要以和为贵地去对待文化，这也对西方哲学产生了一定的影响。

总之，不管是中国哲学文化，还是西方哲学文化，都有一些不一样的部分，但站在人类生存的角度来看，其文化本质是一样的。正因为如此，才会有人开始研究多元的哲学文化，在世界文化中才会出现西方哲学文化中含有中国哲学文化存在的情况。

二、中国古代科学在世界各地的传播

（一）火药对近代科学的影响

恩格斯曾经高度评价中国在火药发明中的首创作用，可以说，中国的火药推进了世界历史的进程，并对欧洲文艺复兴产生了重要影响，促进了欧洲整体文明体系的发展。

中国古代的四大发明，对欧洲文艺复兴运动起到了推动作用，为欧洲文明的发展带来了希望。火药在唐朝末年开始应用于军事。到了宋朝，人们将火药放在竹筒之中，发明了世界上早期的火炮。

随后，又发明了火枪——利用竹管制成的原始管型的火器。早在13世纪末期的时候，火药就传到了西欧，而西欧人将这些武器改造成了更具威力、更方便人们使用的武器，就此形成了更具有毁灭性的物品，对政治、经济以及科学的发展，都产生了巨大的影响。

（二）中国天文学对西方天文学的影响

对于太阳黑子的研究，中国要早于西方国家。中国早就有关于太阳黑子的记录，最早的记录是在《汉书五行志》中，对太阳黑子出现的时间、形象以及大小和位置进行了精确的记录。中国自公元前28年到公元1683年，史料中有关太阳黑子的记录达 112 次，这些宝贵的记录直到 19 世纪的时候才开始被介绍到西欧国家，编写为太阳黑子表，成为西方天文学家的研究对象。

三、新媒体视域下中国传统文化对外传播现状

（一）中国传统文化传播现状

中华民族历经几千年积淀的文化，有着深厚的内涵。在传播中，面对多元化的传播对象，呈现出多样化的传播方式。同时，受西方错误思想的冲击，中国传统文化传播也表现出一定程度上的乏力，难以发挥其强大的内驱力。

1. 形式多样，受众广泛

中国传统文化的传播形式多样，受众广泛。由于中国传统文化的内涵深广，在传播过程中要保证传播的有效性，就必须坚持传播形式的多样性。这是中国传统文化的内在属性决定的。另外，仁、义、礼、信等内核要求传播形式“有理有据”。例如，在进行仁爱文化传播时，要采用极具仁爱情感的传播素材，运用富含亲和力的传播形式，只有这样，才能达到育仁的效果，实现“仁者爱人”。同时，地域的差异性，也要求传播形式丰富多样。中华民族所处的这块土地，幅员辽阔，有着不同的地貌，孕育了极具地方特色的地域文化。这种文化差异性也决定了传播形式的多样性。古代文人雅客常以诗词歌赋传播文化；革命战争时期，红军利用标语、口号等形式传播马克思主义思想；近代以来，伴随科技的发展，收音机、广播、电视机、电脑等新型传播工具出现，极大地丰富了人们的文化生活，也极大地扩大了文化传播的受众。还必须认识到，每个人都是独立的个体，个性特征是个体的显著标志，每个人所需要的文化内容是不一样的，因而不仅要善于选择文化内容，更要善于利用传播形式。只有采用受众喜闻乐见的形式，才能使文化传播走进人心，走进人心深处。只有传播形式多样化，文化传播才能在每一处角落进行，才能在每一个人心中绽放文化之果。

在历史长河中，文明通过各式各样的文化展现模式流传了下来。现代最为迅速的传播媒介当属网络。随着网络的普及，中国传统文化的传播受众越发广大，扩展到了全世界。

2. 内容丰富，值得深思

中国传统文化有着深层次的底蕴与深邃的原理，给人以深层次的启示，蕴含着丰富的思想道德文化内涵。其中包含：

以“天下兴亡，匹夫有责”为内核的爱国主义理念，这是中华民族最强的凝心剂。在中华儿女心中最为深厚的情感就是爱国情怀，这是毋庸置疑的。同时，爱国主义还是民族精神的核心所在。

以“刚健有为、自强不息”为旨要的奋进精神，这是中华民族绵续发展的动力源泉。“天行健，君子以自强不息”，展现了中华民族坚定、勇敢、开拓进取的自强精神，彰显了中华文化顽强的生命力，深层次印刻在中华儿女的灵魂深处，激励着广大人民奋进。

以“厚德载物、兼容并包”为内涵的包容情怀，这是中华文化的大场域。“地势坤，君子以厚德载物”，展现了中华民族宽厚为怀、虚怀若谷的心怀，以及中国传统文化丰富、雄厚的精神属性。

以“天人合一、贵和持中”为要义的和合思想。中华和合文化，是中国传统文化的精华之一及关键的构成成分。

四、新媒体视域下中国传统文化对外传播特点

（一）传播技术性更强

随着新媒体的普及，大众对视觉化信息的需求越来越多，依赖性越来越强，而网络空间独有的技术优势也极大地增强了文本与图像的互动性，使其以多元化形式呈现，为社会大众带来更好的视觉、听觉等多重感官体验，特别是在数字化形式的推动下，传统文化以具象化知识转化来诠释和重构其传播路径，不仅让传统文化有了新的活力，也更容易激发受众对新时代传统文化的好奇心，使其在多种途径的辅助下轻松接受传统文化。

（二）受众体验度更好

传播传统文化的最佳路径是体验，只有受众体验到传统文化带来的快乐，才会真正将其纳入心灵深处，成为传统文化真正的传播者和继承者。例如，在阅读《红楼梦》时，大部分人都是云里雾里，不知作者所写到底为何，意图在哪。但是，

当受众以体验者的身份融入其中时，就会真正懂得黛玉葬花的凄凉、贾府败落的必然。正是因为有了切身体验，大众才能真正感悟《红楼梦》中的文字内涵，进而培养出独有的书香气质，提高其文学素养。古典文化如此，诗词歌赋如此，琴棋书画亦是如此。

（三）传播形式更加多元化

在新媒体盛行的今天，传统文化的传播已经不再局限于传统模式，多元化传播形式的出现让大众在体验和传承传统文化之时有了更多的思考，2021 年河南卫视春晚的《唐宫夜宴》惊艳了全中国，而端午节推出的《祈》（又名《洛神水赋》）更是让大众在享受美好视觉体验之时深深感受到传统文化的无穷魅力。这种以文化创意为特色的节目具有娱乐性强、关注度高、传播力度大的特点，是受众极为喜爱的一种传播方式。不仅如此，除了影视节目之外，直播也成了传统文化传播的有效形式之一。如很多主播在唱歌时也会根据粉丝喜好选择古风特色明显的歌曲，如《赤伶》《广寒宫》《新贵妃醉酒》《清明上河图》等。这些国粹与歌曲融合的文化传承模式不仅让人眼前一亮，也让越来越多的人开始关注传统文化。可以说，传统文化与直播的紧密结合是当下年轻人最乐为接受的方式，也是传统文化顺时应代，有效传承的一种模式。正是因为有了新媒体，有了互联网，传统艺术才得以更好地融入大众的生活中，才能以喜闻乐见的形式与大众见面，形成独一无二的传播与影响力。此外，植入传统文化元素的游戏也是新媒体时代比较受关注的一种模式，其不仅渗透了中国神话传说、文学名著、兵法、儒家思想等，更是创造了手机游戏和传统文化在线结合的新模式，让玩家在玩游戏过程中潜移默化地接受传统文化的熏陶和浸润，最终为传统文化的传播提供了一条全新的道路。与此同时，将传统文化植入影视作品、动漫作品也成为传统文化传播的有效形式，如《孔子》《赤壁》《相思》等，这些剧作在播出之后迅速刷屏，成为时下年轻人追评的热点。

（四）传播内容更加碎片化

碎片化传播是后现代文化传播过程中的重要特征之一，其颠覆性强、差异性大，让受众能在碎片化内容中找到中心主旨，完成与节目中心思想的对接。这种独特的传播形式是新媒体带来的创新之举。在新媒体环境下，受众对信息内容的接受形式发生了翻天覆地的变化。与此同时，传统文化在新媒体影响下重塑传播内容已是必然，如在《国家宝藏》中，主持人以“大国重器”的前世今生来解读传统文化的基因密码，让受众能透过节目的核心元素构建与文物之间的联结点，拉近了人与历史文物的距离。节目将传统文化化整为零，以精挑细选的形式融入节目中，让不同文化层次的受众都能真正感受到经典文化的熏陶，加深对国学典籍、国之重器的了解，提高对文物的保护意识。因为有了新媒体，受众可以随时随地接收信息，碎片化时间也让传播时间、环境、空间进一步碎片化，新媒体成了传统文化传播的有效工具。

第三章　新媒体视域下中国传统文化对外传播的机遇与挑战

随着科技的飞速发展，人们日常交往受时间与空间的限制性日趋弱化，世界各地文化交流频繁。人类文明相互碰撞，文化多元化深刻地影响着人们的日常生活，对于中华优秀传统文化而言，既是挑战也是机遇，在源远流长的历史当中，传承至今的中华优秀传统文化历经曲折，却仍保留了顽强的生命力，当下仍具有相当的活力。中华民族延续至今，文化对其的作用不言而喻。在历史的发展当中，许多的现象都折射出文化的光芒，指引中华民族不断向前。这种精神在现代社会仍具有重大的思想价值。本章主要介绍新媒体视域下中国传统文化对外传播的机遇与挑战。

第一节　新媒体视域下中国传统文化对外传播的机遇

一、"中国之治"为传统文化传播创造了条件

一种社会制度优劣与否，是否管用有效，不能靠单纯的主观判定，而应由实践来检验和证明。新中国成立 70 多年来，党领导人民创造了经济快速发展和社会长期稳定这两大奇迹，高度概括了中国共产党执政 70 多年来取得的伟大成就和在国家治理方面的显著成效，书写了"中国之治"的壮丽史诗，共同铸就了"中国之治"的丰碑。

第一，国内经济取得了飞速发展，人民生活水平不断提高，人民在满足了物质生活需要后就会产生对精神生活的需求，繁荣发展的经济使得人民群众有了追求精神生活的意愿和能力。加上国家财政对文化建设的政策倾斜和支持力度也在不断加大，为新时代传统文化的价值实现奠定了良好的物质基础。

第二，“中国之治”的关键在于中国之制，制度优势的发挥是中国之治的内在逻辑，也是新时代传统文化价值实现的有力制度保障。这其中“坚持全国一盘棋，调动各方面积极性，集中力量办大事”这一显著优势是实现“中国之治”的重要原因。在世界经济低迷的背景下“中国之治”和“西方之乱”形成了鲜明的对比。在党中央的集中统一领导下，我国成功经受住了疫情防控的重大考验，率先实现经济增长由负转正，脱贫攻坚战取得全面胜利，实现了第一个百年奋斗目标，全面开启“十四五”发展新征程，特别是2020年初新冠肺炎疫情突如其来、夏季南方部分地区暴雨洪涝灾害增多，在疫情、灾害对减贫进程产生不利影响的情况下，我国脱贫攻坚仍能取得重大成就，实属不易！

第三，社会主义核心价值观引领文化建设取得了重大进展。中华各族人民在文化心理上达成了共识，形成了强烈的认同感、归属感和向心力，中华民族共同体意识逐步增强，中国特色社会主义文化成为主旋律并被不断高扬，这为新时代传统文化的价值实现提供了良好的文化环境和文化基础。在新时代，我们党发挥集中力量办大事的显著优势办成了许多过去想办而没有办成的大事，展现出了中国速度、中国规模、中国效率，推动我国实现了从“赶上时代”到“引领时代”的伟大跨越，“中国之治”凸显了中国的独特优势，“中国之治”的伟大成就为新时代传统文化的价值实现提供了有力的内部环境和条件。

二、“两个大局”为传统文化传播带来了契机

当前“两个大局”是指国内大局和国际大局。国内大局是指中华民族伟大复兴的战略全局，这里的“全”是指立足于国内发展，涵盖政治、经济、文化、社会、生态在内的全方位复兴和全面推进。一个国家或民族之所以讲复兴是因为在历史上曾经创造过辉煌但后来又衰落，中华民族伟大复兴的战略全局核心的是“复兴”，中华民族不仅是世界经济的强劲推动力，更为全球治理贡献了中国力量。中华民族伟大复兴不是既成的状态，而是一个动态的发展过程，而且这一历史进程在大大加速。正如习近平总书记指出的“我们比历史上任何时期都更接近、更有信心和能力实现中华民族伟大复兴的目标”，我们可以以坚持走中国特色社会主义道路取得的巨大成就为切入点，来进行正面引导，传扬中国成就，讲好中国故事，培养人们的“劳动精神、工匠精神、劳模精神”等传统精神，为新时代传

统文化的价值实现奠定坚实的基础。国际大局是指世界百年未有之大变局，这里的“变”是着眼于世界发展，是世界格局和国际关系的新变化。

第一，政治格局上国际力量对比发生了重大调整，呈现出“东升西降”的现象。资本主义制度充分暴露了其自身的弊端、缺陷、不稳定性及不可持续性，陷入了全面的危机和困境中，遭遇到来自全球范围内的质疑。而中国逐渐走向世界舞台的中央，在国际上的话语权和影响力得到大幅提升。

第二，经济格局发生了改变。亚洲的GDP全球占比和对全球经济增长的贡献率大幅度提升，呈现了“南升北降”的世界经济格局，以中国为代表的新兴经济体崛起，中国的国际地位大幅跃升，这为我国国际地位和影响力的提升以及传统文化价值的实现提供了重要的机遇。

第三，治理体系有待改革。单边主义、西方主导的治理体系已不再适应现实的需要，多边主义、协同治理的紧迫性越来越强，这为我国参与构建公正合理的国际治理体系提供了千载难逢的机会和机遇。世界百年未有之大变局并不是已经“变”了的既定局面，而是正处于变化的过程中。针对某些国家的出尔反尔、不择手段地抹黑中国、提高关税等行为，我们可以从反面进行论证，让人们以更加清醒的头脑认识西方国家和社会向我们长期进行意识形态渗透的本质和真面目，使其成为对广大人民进行传统文化教育，实现传统文化价值的良好载体。当前我们正处在内部“复兴”的战略全局和外部“变局”的历史交汇期，机遇与挑战并存并相互转化、大“危机”蕴含着大“机遇”，面对机遇与挑战，在党的百年奋斗新征程上，我们要善于在“变局”中把握“全局”，在“全局”中用好“变局”，积极营造有利于新时代传统文化价值实现的外部环境和条件。

三、“一带一路”为中华优秀传统文化传播带来了机遇

“一带一路”倡议的实施，在为我国经济发展提供广阔平台的同时，也成了中华优秀传统文化走向世界舞台的良好契机。“一带一路”倡议是国家文化软实力提升的坚不可摧的精神力量，推动中华优秀传统文化走向世界，有益于扩大我国“文化朋友圈”，让世界看到崭新的中国。

（一）丝绸之路自古就承担着传统文化传播的历史重任

1877年，德国学者李希霍芬(Richthofen)在《中国》一书中，首次将两汉时期中国与印度、中亚间，以丝绸贸易为主的交通道路称为“丝绸之路”。丝绸之路始于西汉，在隋唐达到兴盛，张骞“凿空之旅”玄奘“西行”郑和“下西洋”为架起东西方之间互通有无的运输通道提供了有力的保障。丝绸之路不仅是经济贸易的通道，更是不同文化交融共生的通道，为东西方文明交流打开了窗口。一是物质文化的交流，以丝绸、瓷器、茶叶、铁器等为代表的商品传向世界各地，丰富了西方人的生活，而葡萄、胡椒、黄瓜等农作物的到来让国人的餐桌更加丰盛。二是精神文化的交流，音乐、戏剧、舞蹈、绘画、文学、宗教等的交流融汇，形成了你中有我、我中有你的和合共生文化。在东西方文明的接触碰撞中所展现出的和平开放、贸易平等、文化包容、互惠互利是丝绸之路所承载的“丝路精神”的鲜活体现。

“一带一路”倡议唤醒了一个绵亘两千余年的历史符号，是对丝绸之路文化的继承与超越，在新的时代背景下，成了联通中外文明交流的纽带。我国实施“一带一路”倡议，是为了积极同沿线国家建立伙伴关系，共同发展，共享成果。我们应让丝绸之路在社会主义新时代焕发出新的活力，更应让丝路精神迈向新的历史高度。

（二）与沿线国家开展经贸合作为传统文化传播提供便利条件

“一带一路”倡议实施以来，我国积极与沿线国家地区推进互联互通、签订自由贸易协定、完善基础设施、建立孔子学院，不断推动各类经贸合作深入发展，使国内项目走出去，将沿线国家的项目引进来，有力提升了民生福祉，加速了经济发展步伐，为中华优秀传统文化传播创造了和谐宽松的外部环境。具体表现在：第一，随着沿线各国经贸往来加深，企业员工数量增加，中华优秀传统文化的传播受众随之增加，扩大了中华优秀传统文化的传播规模。第二，大量高素质的国际化人才是经济高速运转的基础，推动孔子学院的跨文化人才培养，为中华优秀传统文化的传播提供了持续不竭的人力资源储备。第三，经贸合作往来频繁，合作层次逐渐提高，需要整合国内外的资源、能源、信息、人文等作为支撑，从而为中华优秀传统文化的传播提供便利，促进文化资源开发，助力优秀文化产品打造。

四、经济全球化和网络媒体为传统文化传播指明了方向

（一）经济全球化的发展促进了文化互动和交流

经济全球化不仅改变了世界的政治经济格局，广泛而深刻地影响着世界各地文化的发展，而且为我国的文化发展尤其是传统文化的价值实现提供了良好的机遇。

第一，经济全球化的发展使得各种资源、信息、科学技术、资本、人才等在全球范围内进行跨国界的流动、交织和融合。西方发达资本主义国家中一切反映时代发展和科技进步的文明成果、科学经验和管理方法都应当成为传统文化以积极的态度合理吸收借鉴的重要内容，我们要对其进行肯定性选择，为传统文化的价值实现提供正向的推动力。

第二，经济全球化的发展，唤起了人们对本国、本民族文化的理论自觉和实践自觉。对外开放政策，开阔了人们的胸襟和视野，人们能够以自觉的态度和全新的眼光来重新审视本土文化、认识民族文化，看到与世界文化的不同，进而取长补短、互通有无，在此基础上不断增强我国文化的国际影响力，从而掌握文化发展的主动权。虽然西方的价值观和价值理念并不全部可取，但西方国家对其主流意识形态的“生产”“分配”“交换”“消费”及其不间断地向东方国家进行文明输出和文化渗透等做法已经比较成熟，而且西方学者就促进国民认同本民族文化、意识形态和宗教信仰等方面展开了深入的研究，这些都能给予我国传统文化价值实现一定的启发，对我国传统文化的价值实现具有重要的借鉴意义。

第四，经济全球化的发展可以提高中国文化的参与力。过去，国际政治、经济秩序是我们较为关注和重视的，随着经济全球化的深入发展，国际文化新秩序的构建问题更为凸显。从国家的角度而言，经济全球化为我国参与构建国际文化新秩序提供了机会，不仅将中华优秀传统文化的核心理念融入国际文化新秩序的构建中，而且加强与广大发展中国家进行团结合作，发挥相关国际组织的积极作用，推动国际文化秩序的发展方向更加公正合理。从个人的角度而言，全球化为人们提供了更多文化参与的机会，不管身在何处，收入水平和教育水平如何，都可以发挥自己的聪明才智，以独立身份随时随地参与文化创造，为构建国际文化新秩序贡献自己的力量。这些都为传统文化的价值实现提供了良好的外部环境。

（二）网络媒体为传统文化价值实现拓宽了空间

全球网络通信的畅通，极大地促进了不同文化之间的对话与交融，增加了相互沟通与交流的方便性和快捷性，形成世界性的“文化共享”。全球化不仅为我们学习外来先进文化创造了条件，也为拓展我国文化的发展空间，推动我国文化走向世界舞台提供了便利。在过去信息技术不发达的年代，传统文化价值的实现受到诸多的限制，只能在有限的现实空间得以发挥，覆盖面较窄，影响力也较弱。信息网络技术有效拓展了传统文化价值实现的空间和渠道，使得传统文化可以跨越国度、跨越时空，增强了时效性，扩大了覆盖面，也增强了影响力，提升了引领世界的能力。

新时代新兴媒介层出不穷，出现了全程媒体、全息媒体、全员媒体、全效媒体、网络媒体的深度融合，这也为传统文化的价值实现拓宽了空间。

第一，传统文化传播方式多样化。网络媒体创新了新时代传统文化价值实现的载体。新媒体在互联网的基础上蓬勃发展，弥补了传统媒体的不足和缺陷。它打破了传统媒体传播者向受众单向灌输的传播格局，形成了多维互动的传播格局，由现场互动升级为网络互动，构建起了线上与线下相结合、虚拟与现实相补充的立体化传播模式。由于网络的共享性和灵活性，受众被赋予了更多的话语权，每个人都可以发声，受众个体既是接收者，也是生产者和传播者，普通大众能够广泛便捷地参与到传统文化价值实现的过程中。利用网络媒体传播传统文化，能够在短时间内迅速了解和掌握受众的需求，对受众进行细分并建立稳定性的联系；也可以对信息进行分类筛选，对提炼出来的信息进行精准推送，信息服务的具体化、个性化与定制化，有效提升传播效果，为传统文化价值实现带来活力。新时代传统文化价值实现除了传统的方式外，还可以借助网站、微博、微信、抖音、快手、今日头条、学习强国等媒介平台全方位地展现传统文化作品。如在微信朋友圈转发分享有关传统文化价值实现的消息，引发“社群共振”利用抖音短视频互动性强的特点快速吸引受众关注和转发；在学习强国的传统文化专题中充分融合文字、图片、视频和音频等多种媒介形式，让受众在交流互动中感知传统文化强大的生命力。

第二，传统文化传播内容丰富化。互联网能够突破时空界限，以其强大的搜索功能和超链接功能，使传统文化信息在二次或多次传播过程中被更快捷地检索、浏览和使用，加快了传统文化的传播速度。一方面受众可以充分利用碎片化的时间获取信息，另一方面网络新媒体将平面与立体有机融合，展现形式丰富多彩，故事讲述方式生动灵活，使原本“阳春白雪”的东西变得更加普通化，更加贴近人民的生活。把网络作为传统文化价值实现的主要阵地，创新传统文化的传播方式，丰富传统文化的传播内容，可以充分调动受众的积极性和主动性，使受众能够全方位、多角度、多层次地体悟传统文化与革命精神，从而激发其爱国主义情感，强化其责任担当意识，有效提升传统文化的辐射力、感染力和引领力。

五、新媒体时代为中国传统文化传播带来的机遇

（一）新媒体时代构建了传统文化国际传播新格局

在很长一段时间里，国际政治秩序都在国际传播格局的构建过程中占据主导和决定性地位，从第二次世界大战至今，国际传播格局大体发生了从美苏“两极争霸”到“一超多强”再到当今的“多极化”的演变，这充分证实国际传播格局的变革在实质上就是国际政治秩序的演变。当前，传播技术的迅猛革新，为国际传播格局注入了新鲜力量，也撼动了国际政治秩序在国际传播格局构建中的主导地位，使得国际传播格局中的多种力量开始变化、重组、易位，国际传播格局也随之发生深刻变革，并由此进入一个全新发展阶段，显现出“多极化”的发展趋势。

在当前的“媒介化”时代，作为传播技术发展的最新衍生物，新媒体与传统媒体有着“质”的不同，它是一种以受众为中心的新型媒体形态，改变了以往媒体单向对外输出中国传统文化内容的传播模式，允许传播内容的反向灌溉，让受者可以真正参与中国传统文化传播的全过程，与传者进行平等对话。这也意味着每个人都可以借助网络渠道分享自己所拥有的中国传统文化资讯，表达自己所持有的对中国传统文化的观点及态度。新媒体极大地拓展了传统媒体所具备的传递红色信息、传承中国传统文化、展现红色价值、监督红色舆论等功能，推动了双向互动、平等交流的新型国际传播秩序的建立，拨开了笼罩在国际传播格局上空的那一片国际政治秩序阴霾，进一步助推了国际传播格局的重构，为中国传统文化传播打造了更加民主、自由的新型国际传播格局。新媒体时代的到来和新媒体

技术的蓬勃兴起，深刻影响着当今国际传播格局的演变趋势，促使国际传播格局进一步朝“多极化”方向发展，为世界文化的交流交往提供了新的契机，也为我们进一步讲清、讲好中国传统文化提供了新的契机。另外，在新型国际传播格局中，中国传统文化还可以平等、友好地与其他文化开展对话沟通，并在对话沟通中取长补短，实现创新发展，从而散发出新的时代魅力。

（二）新媒体时代增强了中国传统文化国际传播辐射力

在信息化时代，文化软实力的较量逐渐成为国际社会中继政治、经济、军事等较量之后的另一种主要较量，而文化软实力的竞争不仅取决于文化自身的实用价值，还取决于文化的传播能力。而文化传播能力是指在给定的际遇中，文化传播到达目标受众、影响目标受众的能力，它是国家软实力的构成要素，不仅关乎国家安全、国家利益和国家形象，还涉及传播媒体。因此，应用先进传播技术，构建发达传播体系，增强文化国际传播能力，是推动中国传统文化“走出去”亟待完成的一大任务。国际传播媒体的影响力是衡量一个国家国际传播能力的关键指标，作为文化传播渠道的媒体，其数量的多少和实力的强弱将直接影响文化传播的最终效果。

作为新兴的文化传播媒体，新媒体为国际受众提供了自由表达观点、平等开展对话的各种交流渠道。相比于传统媒体而言，它不仅传播速度快、传播范围广、影响力大，而且还具有形象、生动、便捷等鲜明优势，极大丰富了中国传统文化的传播形态，优化了中国传统文化的传播方式，开拓了中国传统文化的传播渠道。新媒体为文化传播打造了一个全面、立体的新型舆论引导格局，中国传统文化传播借助新媒体可以在一定程度上扭转其过去在世界人民眼中“理论灌输、枯燥说教”的刻板印象，能有效提升中国传统文化在国际舞台上的影响力和辐射力。新媒体技术的日臻完善开拓了世界人民的全球化视野，加强了世界各地的联系与交往，为中国传统文化国际传播增添了科技辐射力，有效提高了中国传统文化国际传播的效率，也为中国传统文化登上国际舞台，融入国际社会提供了新的发展机遇。

（三）新媒体时代开辟了中国传统文化国际传播新平台

在经济全球化日益深入的时代，文化逐渐演变为各个国家交流交锋的主要战场之一，文化软实力的增强离不开文化发展，而文化发展的根本动力是文化的传播与融合。在传统媒体时代，中国传统文化主要依赖报纸、广播、电视等传统媒介进行国际传播，其传播活动主题鲜明突出，但呈现形态过于单一，缺乏多样性。泛泛的红色概念宣传非但不能调动受众的参与热情，甚至可能引来受众的排斥与反感。

在当今时代，如何找到合适的平台来完成海量文化信息的保存、提取和存取以及创新文化的表现形态等，已成为我国文化国际传播领域急需解决的问题，而新媒体的出现解决了这一难题，给中国传统文化国际传播提供了崭新的传播平台。其一，新媒体能够实现中国传统文化国际传播的创新。中国传统文化并不是只属于特定历史阶段的封闭性文化，而是一种不断延续、不断前进的开放性文化，因此它的国际传播也要与时俱进，推陈出新。我国 AR、VR 以及 5G 等先进技术的大力推广，为中国传统文化国际传播添上了科技的翅膀。通过先进的媒体技术还原过去一幕幕鲜活真实的场景——“再现”历史，既可以用历史来印证中国传统文化的真实性，有力回击境外媒体对中国传统文化的无端攻击与恶意诋毁，从而增强中国传统文化在国际社会的感染力和说服力，又能够展现中国传统文化的厚度与温度，给予海外受众情景式传播体验，进一步加深受众对中国传统文化的认知、认可与认同。其二，新媒体能够提升中国传统文化的国际知名度，甚至是国际美誉度。新媒体具有传播符号多元化、传播模式双向化及传播行为个性化等独特优势，打造中国传统文化与新媒体重合的“公共领域平台”能够让国际受众在便捷、高效的新平台上参与中国传统文化传播，并以中国传统文化为话题进行互动沟通，使中国传统文化在国际社会获得更高的讨论度和关注度，从而增强其国际知名度和美誉度。

（四）新媒体时代搭建了多元化的媒体融合平台

新媒体的出现，打破了中国传统文化的一元传播，迎来了多元化传播。如《右江日报》设立新媒体部门，通过新媒体发布新闻与宣传中国传统文化，其中包含了网站、客户端、微信公众号、微博以及抖音；并在市委宣传部的领导下，与当地融媒体公司进行合作，获得了一些优秀的有关中国传统文化作品的一手资料。再例如，百色广播电视网是百色市广播电视台官方网站，作为百色音视频第一播放平台，拥有百色广播电视台全部节目的音视频直播、转播及在线重播版权。百色广播电视网有着红色故事、学习党史、红色旅游、学习红色精神等节目，均为直播后录播下来的视频，可供人们浏览学习。百色起义纪念馆有六大展厅分别为序厅、起义厅、英烈厅、功臣厅、小平厅、多功能厅，展现了参加百色起义的革命先烈们勇敢奋斗、迎难而上、不畏牺牲、忠心为民的红色革命精神。该纪念馆利用多媒体、绘画作品、人物雕塑、场景雕塑等把当年的历史场景展现在了我们面前。

（五）新媒体时代提升了中国传统文化国际传播话语权

“话语权”的概念最早由法国社会思想家米歇尔·福柯（Michel Foucault）在其《话语的秩序》一书中提出，在他看来“话语即权力”。他认为人可以通过话语赋予自己权力，话语不但是思维符号和交际工具，还是掌握权力的关键因素。此后，话语权多被使用于文化和传媒领域。具体来说，话语权就是通过发言来控制舆论的权力，也就是指既要有发言的权利而且发言内容要有相应的权威性和影响力，它能够反映个人、群体、国家在世界的相应地位。因此，话语权不是固定不变的，它会依据各个社会群体、各个国家实力的变化而变化。长期以来，以美国为首的西方发达国家依靠其强大的经济、军事实力及先进的文化传播手段，悄无声息地将蕴含其政治理念、价值观念的意识形态话语全方位“渗透”至国际社会中，以此在国际话语权领域维护自身的绝对优势。但是，如今的西方话语体系根本无法解释包括中国在内的一些发展中国家快速崛起的原因，也在日趋严峻的全球性危机面前也束手无策，再加上新媒体时代的到来，西方领衔的国际话语体系开始遭受全面质疑，陷入前所未有的公信力危机。西方话语权的松动为中国传统文化赢得国际话语权提供了大好机会，中国传统文化应当抓住时机，依托一流国际媒体融入国际社会，向世界人民展示自身的精神内核及光明前景，为世界的和平与发展贡献中国智慧。媒体被西方喻为独立于立法、行政、司法之外的“第四权力”，担负着监督社会的重任，也作用于国际话语权的竞争与分配。尤其是在新媒体时代下，移动互联网的蓬勃发展为世界人民提供了便利的发言渠道，进一步壮大了媒体的话语力量，从“社会底部”改变了国际话语权格局，使得文化的传播交流过程变得更加自由和民主。现在的新媒体已然成为中国传统文化国际传播中争夺国际话语权的关键力量，一方面它丰富了中国传统文化国际传播的话语表达形式，传播者能够依托新媒体技术将晦涩抽象的中国传统文化转化为海外民众易于并乐于接受的方式，图、文、声、像并茂地对中国传统文化的概念、内容及价值做出定义和解释，为世界人民展示真正的红色理念、红色精神和红色价值。另一方面它增强了中国传统文化传播的实效性，新媒体为国际受众认识中国传统文化提供了便利的平台，受众可以及时接收中国传统文化信息并进行反馈互动，这有利于中国传统文化传播主体了解受众的真实想法和文化喜好，收集到更加客观的中国传统文化国际传播效果，从而能够更具针对性地调整对外传播的内容和策略，进一步增强中国传统文化国际传播话语体系的权威性，提高中国传统文化话语体系的国际影响力和说服力，提升中国传统文化国际传播话语权。

六、党和国家为传统文化传播提供了政策支持

新时代党和国家高度重视传统文化的传承创新以及传统文化的价值实现，习近平多次到革命老区进行调研考察和走访，做出了一系列重要论述，中央也出台了一系列的方针、政策、实施纲要和专门性文件。无论从宏观顶层设计、整体规划，还是微观具体措施、基层实践层面都为新时代传统文化的价值实现提供了坚实的制度保障和政策支撑。

第一，先后制订了新的发展战略。党和国家制订了坚定文化自信与建设文化强国战略、乡村振兴与革命老区精准脱贫发展战略／文化与旅游产业融合发展以及文化与科技融合发展等战略，为传统文化ｄ价值实现提供了政策遵循和方向指导，成为传统文化价值实现的强大驱动力和坚实后盾。

第二，组织开展传统主题实践教育活动。党的十八大以来，中央先后组织开展了党的群众路线教育实践活动、“三严三实”专题教育、“两学一做”学习教育、“不忘初心、牢记使命”主题教育和党史学习教育，并在全军开展了“传承传统基因，担当强军重任”主题教育等活动。除此之外，还制订了《2018—2022 年全国干部教育培训规划》，把传统文化作为党员领导干部教育培训的重要内容；制定了《新时代爱国主义教育实施纲要》，把传统文化作为新时代普通公民爱国主义教育的重要内容。这些学习教育都体现了党和国家对继承革命优良传统，实现

传统文化时代价值的重视。其共同点就在于使广大党员和官兵接受传统精神的洗礼，学习榜样和先进典型，弘扬传统文化，进而使其坚定理想信念，在重温历史中增强在新时代继续前行的力量。

第三，积极建设传统文化教育基地。重点文物保护单位、爱国主义教育基地、传统旅游景区都承载着丰富的传统文化教育资源，具有巨大的文化、经济和育人价值。国家对传统文化教育基地进行了大力扶持和有效支持，出台了相应的配套政策，先后发布了《关于培育和践行社会主义核心价值观的意见》《关于实施中华优秀传统文化传承发展工程的意见》《关于加强文物保护利用改革的若干意见》《全国红色旅游公路规划（2017—2020 年）》等重要文件，印发了《关于促进旅游业改革发展的若干意见》《国家文物保护专项资金管理办法》《中央对地方博物馆纪念馆免费开放补助资金管理办法》和《长城、大运河、长征国家文化公园建设方案》等通知和指导性文件，均对革命文物等传统文化资源的保护利用做出了说明，对传统旅游的发展、爱国主义教育基地和国家文化公园的建设进行了规划与部署。目前，爱国主义教育基地因国家和地方的重视和投入逐步向传统旅游景区过渡，从中央到地方建成了一批内容丰富、种类多样的传统文化教育基地，在不同场景下开设了诸如传统文化图书馆、传统文化长廊等传统文化专题教育基地。通过建设传统文化教育基地可以进一步实现传统文化的新时代价值，激发人们的爱国热情。

第四，鼓励研发传统文化创意产品。2016 年，多部门联合下发了《关于推动文化文物单位文化创意产品开发的若干意见》，对博物馆、美术馆、图书馆这些文化文物单位积极主动开发文化创意产品工作提出了新的要求。传统文创产品是文创产品的一种，也是新时代传统文化价值实现的有效载体，借助“又红又潮”的传统文创产品这一载体，将抽象的传统文化寓于具体的物品中，以更加通俗、更加有趣的方式呈现在人们面前，可以启发人们进行思考，进一步推动新时代传统文化价值的实现。

第二节　新媒体视域下中国传统文化对外传播的挑战

一、“一带一路”倡议背景下中华优秀传统文化传播面临的困境

任何足以改变历史的伟大事业都会遭遇巨大挑战。随着“一带一路”倡议的深入推进，我国文化建设自身的复杂性以及沿线各民族间文化的差异性导致文化交流问题凸显，严重影响并制约着中华优秀传统文化的对外传播。

（一）“本土化”人才分布不均带来的挑战

“本土化”一般是指跨国公司为了适应其他国家的经济、文化与政策等大环境，在生产与经营时无论是人员还是工资福利等方方面面实行当地的政策，使“公司”本身成为地地道道的本地企业。“一带一路”建设中的“本土化”人才专指那些能够使中国文化在沿线国家与地区落地生根，并对当地文化产生深刻影响的人才。中国和“一带一路”沿线国家具有深厚的友谊，这是我国“一带一路”建设赖以生存与发展的文化基础。因此，在“一带一路”建设中要做到文化先行，文化先行可以有效地促进沿线各国、各民族之间的相互信任。随着“一带一路”建设的不断推进以及深入，“本土化”人才短缺问题日渐突出。

（二）大国博弈加剧带来的重大挑战

当前世界正处于百年未有之大变局，国际形势复杂多变。随着英国脱欧，美国接连退出《巴黎协定》联合国人权理事会等国际组织，难民潮此起彼伏，恐怖主义接连不断，一些国家政局动荡，网络技术、网络内容、网络安全成为传播热点。在人类文明的发展进程中出现了不稳定性和不确定性，世界新旧秩序在复杂更替中变动调整，无形中为跨文化传播增加了阻力。经过 40 多年的改革开放，中国迎来了从站起来、富起来到强起来的伟大飞跃，成为世界第二大经济体，综合国力强盛。中国的快速崛起使世界格局发生了深刻变化，特别是亚太地缘政治。然而，占据世界主导地位的西方国家，在惊讶于中国崛起的同时，试图采取各种方式干扰中国的崛起。在这样的背景下，中国与周边国家文化冲突凸显，制约着跨文化传播，对中国与“一带一路”沿线国家民众的民心相通产生了不利影响。

长期以来“一带一路”沿线各个国家和地区的地理位置和战略意义都举足轻重，无论东南亚、中亚、西亚地区，乃至于中东欧地区，都是世界大国角力的焦点地区。无论美国、日本、印度还是俄罗斯等，在“一带一路”沿线都存在利益诉求，并进行战略布局。某些国家由于“一带一路”建设与其利益不符，并且因为是由中国提议的，便以“中国威胁论”进行抨击。“一带一路”建设的实质性推进，必然引起欧亚地区经济格局的不断调整，在权力角逐、利益分配的驱使下，全球主要大国和利益集团的博弈将愈发激烈。特别是中亚地区，一直以来是大国博弈和地区冲突的聚集地，其国家动荡、战乱频仍、恐袭不断等各类问题给“一带一路”建设带来了诸多挑战，“逆全球化”潮流抬头。简单来说，所谓“逆全球化”就是与全球化相对。

全球化指的是世界是一个整体，世界各国在政治、经济等方面相互联系，相互合作，共同发展。“逆全球化”则强调自身的重要作用，自己的力量要大于合力。有学者指出当前全球化进程中的特征：一方面以美国、英国等国家为代表的经济体“逆全球化”趋势明显，严重阻碍了全球化的进程；另一方面亟需变革和转型当前的全球发展模式，包装全球化的顺利推进。当前“本国优先”“挑起贸易战”和实行单边主义政策等都是逆全球化的典型做法，如一直以来，美国都是经济全球化的重要推动者和参与者，更是巨大利益的攫取者，但随着世界经济形势的变化，美国却又变成了逆全球化的主要鼓吹者和策动者，不断发起贸易战，试图转移国内矛盾，通过打压别国经济来保护本国发展。美国一些知名经济学家，打着维护本国利益、劳工利益的幌子来扭转全球化进程的举动，不仅解决不了国内问题，还会损害已经建立起来的国家形象。“一带一路”建设是适应世界多极化、社会信息化、经济全球化和文化多样化的重要举措。它为中国的国家发展与国际战略描绘了宏大而清晰的蓝图，也为世界局势提出了中国方案。

因此，无论对“逆全球化”持哪种态度，我们首先要承认“逆全球化”已在全球抬头的这一事实，逆全球化也必将对“一带一路”建设产生重要影响，为“一带一路”建设的发展带来不可忽视的困难和挑战。

（三）传播策略僵化带来的挑战

随着“一带一路”倡议下各国文化交往的不断加深，我国在中华优秀传统文化传播上的问题逐渐凸显。

1. 传播渠道过于单一，传播媒介缺乏有机结合

作为宏观性的国家顶层设计，国内媒体对“一带一路”倡议的前景充满信心，报道热度居高不下，中华优秀传统文化借势在沿线国家取得了前所未有的传播效果。然而，由于历史以及现实的原因，我国对外文化交流主要依靠政府组织，缺乏社会团体和公众个人层面的主动参与。虽然政府主导可以最大限度地保证文化资源的开发利用，推动我国优秀文化走出国门，但是过分强调政府的领导作用，而对民间组织和个人等不同主体间的合作沟通不加重视，必将导致我国对外文化传播渠道单一，交流层次缺乏多样性。同时，纵观各官方媒体的报道，不难发现，对“一带一路”倡议报道的侧重点大都集中在经济领域，忽视了对沿线国家的历史文化的梳理以及社会现实的总结，导致中华优秀传统文化在传播过程中全球性格局不足，影响力差强人意。当前，各种媒体类型均对中华优秀传统文化进行了广泛的报道，如《朗读者》《成语大会》等电视节目，其提升了观众对我国传统文化的关注度。依托于互联网技术的新媒体打破了时空界限，已经成为新时期文化传播的重要载体，如国新办、新华网等网站都开设了“一带一路”专栏，传播特定传统文化知识的手机 APP 也应运而生。新华社“一带一路”频道创新推出了“VR 全景丝路”，方便了人们更加直观地感受丝路风光。但通过进一步分析不难发现，中华优秀传统文化在“一带一路”倡议背景下缺少立体化、全方位的融合展示，存在“扁平化”倾向，互联网、电视、传统纸媒等各自独立，相互之间缺乏有机结合。传播内容上，更多的是对传统文化的简单信息在不同媒介之间进行“复制”“粘贴”，内容大同小异，缺乏深入解读，弱化了我国优秀传统文化的深刻内涵。

2. 传播方式及内容“中国化”未能因地制宜

我国文化在“一带一路”沿线国家传播过程中主旋律味道浓重，过于强调中国特色，在与其他不同文明进行对接时脱离实际，表述上大多采取官方化、专业化的表达形式，通过刻板地宣传这一“单向灌输”的传播模式来传递我国的文化价值观，忽视了沿线国家民众的意愿与需要，使之不能对我国优秀传统文化产生共鸣，甚至产生了厌倦和抵触情绪。

（四）沿线多数国家对中国文化警惕带来的挑战

“一带一路”倡议背景下，维模原理在一定程度上影响着沿线国家对我国优秀传统文化的认同度，从根本上决定着不同文化相互交融的结果。“一带一路”涉及的文化圈众多，各个文化内部都有自己所尊崇的意识形态、行为规范与风俗习惯，部分民族视外来文化为“文化入侵”，固守本民族文化的价值观与世界观，排斥甚至敌对不同文化间的友好交流，导致矛盾甚至暴力冲突时有发生。此外，我国文化职能部门存在着权责不清，决策思路不能紧跟时代发展等问题，缺乏有效的文化交流协调机制，文化交流水平有待提高。丝绸之路作为人类文明交往活动的历史遗迹，见证了中国与沿线国家两千余年的历史文化交流。“一带一路”倡议背景下，我们要大力挖掘历史文化资源，利用好历史文化遗产，建设好丝路文化项目，打造特色文化交流品牌。当下，旅游业作为丝路文化项目的重点，重新演绎着古丝绸之路上的友好交往。但其运营模式不具体、不深入，存在的问题突出，制约了沿线国家民心相通。一是我国幅员辽阔，景点丰富，统筹开发难度大，再加上一些区域景区缺乏合作，甚至存在恶性竞争，难以形成有效的旅游文化产业链。二是文化旅游产业项目创新不足，产品缺乏多样性，对潜在的特色元素挖掘得不深入，同质化现象严重，旅游形象和品牌效应需要提升。三是旅游与文化的融合度不高，各地文化旅游定位基本以了解历史文化知识的传统观光旅游为主，缺少主题性强的、沉浸式的深度文化体验环境，致使文化传播效果大打折扣。四是交通、住宿、餐饮、卫生等配套服务设施良莠不齐，文化旅游体验的便捷性和舒适性难以保障。

（五）沿线国家纷繁复杂的多元文化冲突带来的挑战

1. 文化冲突

“一带一路”沿线国家众多，目前已有 148 个国家参与到“一带一路”建设中来。这些国家具有不同的文化传统、风俗人情，国情和民情都各不相同。这种多元文化的复杂性为“一带一路”跨文化传播带来了不小的挑战，而且由于文化的多元和差异，在传播交流的过程中必定会产生冲突。“一带一路”建设横跨亚欧大陆，沟通了亚欧大陆的经济文化交流。在“一带一路”跨文化传播过程中，面临着文化传播阻力和文化安全威胁，特别是西方文化霸权的威胁。在西方文化霸权的影响下，“一带一路”沿线国家冲突不断，给“一带一路”沿线国家带来了重大的经济、文化损失。因此，面对“一带一路”沿线国家的文化冲突和文化差异，我们要守住国家安全的底线，在尊重差异的基础上，求同存异、开放包容，积极传播中国优秀的传统文化和现代文化，使“一带一路”沿线国家民众认识最真实的中国，不断夯实民心基础，从而实现民心相通。

2. 语言困境

语言交流是人文交流的先决条件。“一带一路”沿线国家众多，语言种类同样也繁多，并且使用情况也相对复杂。“一带一路”沿线国家涉及世界九大语系，其中有七大语系分布较广，这七大语系中又分成若干语族，每个语族又包括多种语言。据专家分析，目前“一带一路”沿线国家至少使用着50种语言，如果再加上沿线国家区域内使用的少数民族语言，至少会有200种语言。随着“一带一路”建设的深入发展，语言人才匮乏的问题也越来越突出。虽然在国内一些高校开设了俄语、阿拉伯语等课程，但一些小语种人才仍严重匮乏，如波斯语。相比较而言，国外高校所开设的语种较多，如在法国东方巴黎语言文化学院、美国哈佛大学分别开设了93个和95个语种，语言种类非常丰富。我们还应看到，虽然孔子学院在推动“一带一路”跨文化传播方面贡献了重要力量，但是很多孔子学院教学的重点还在基础方面，这已不适应当前“一带一路”跨文化传播发展的需要。一语不通，寸步难行。如果语言问题不能够得到解决，那么“一带一路”建设各个方面都会受到影响。

3. 宗教冲突

“一带一路”沿线的众多国家都有一定的宗教信仰，不同的国家、不同民族的宗教信仰也呈现出明显的差异性，如南亚国家分布着伊斯兰教、印度教、佛教等多个不同的宗教。“一带一路”沿线国家涉及宗教11个，在每个宗教下面又设有众多分支。虽然宗教本身不具有风险性，但是在一定条件下会和政治、经济、文化等因素交织，成为矛盾的冲突点。从历史上看，曾发生过多次宗教间的战争。在“一带一路”跨文化传播过程中，我们需要了解沿线国家的宗教文化传统，分析“一带一路”沿线国家的政教关系和政策等，避免宗教冲突。通过宗教外交，一方面可以增进了解，丰富精神生活，营造良好的跨文化传播环境；另一方面能够推动战略合作，在“一带一路”建设的大背景下构建起双边或多边的相互依赖和战略互信，提升中国与“一带一路”沿线国家的命运共同体意识。

（六）中华符号存在表达困境带来的挑战

主体把一种可以通过五官感知的对象，与某种事物相联结在一起，使得某种对象代表某种事物传达的意义，当这种现象被一个人类集体所认同和接受，达到公共约定时，这个对象就成为代表这个事物的符号。人们利用符号这一中介与外部建立联系，在编码与解码的动态过程中发现世界、认识世界。精神文化是用符号来表达的。文化符号是文化高度凝练的结果，在一定意义上而言，文化符号的形成代表着该文化价值体系的形成。中华文化符号在中华文明的历史长河的演进中积淀而成，具有鲜明的时代内涵和民族底蕴。在中华民族五千年文明的发展过程中，形成了诸多的文化符号，如大熊猫、饺子、苏州园林、高铁等，这些看似简单的东西，背后却蕴含着深厚的价值观。文化的交流与传播都是依靠文化符号这一载体进行的，通过展示文化符号，让更多的人了解、熟知中华文化。

不同国家和地区对同一事物的认知度呈现出两极差异。以“一带一路”建设为题材的纪录片大多都以宣传国家形象为主题，其中的内容也以中华优秀传统文化为主；2010 年的《中国国家形象宣传片》中中国传统文化符号贯穿始终。从上述情况我们可知，虽然中国文化符号繁多，但是从国家层面来看主要集中于中华传统文化符号。由于中华文化博大精深，并且具有一定的抽象性，外国人很难对中华传统文化符号有具体而深入的了解。“一带一路”沿线国家众多，每一个国家就代表了一种文化，每一种文化就对应着相应的文化符号。文化的多样性意味着思维的多样性，也意味着“一千个人眼中有一千个哈姆雷特”，如“龙”在中国文化中代表着权势、尊贵，在中亚文化中却代表着阴暗。

（七）我国文化软实力薄弱带来的挑战

“一带一路”倡议是基于沿线各国“丝路记忆”的共同历史文化积淀所提出的，“一带一路”的灵魂所在，即文化建设。然而当下，我国传统文化在吸引力、扩散力等方面仍有欠缺，存在不足。

1. 优秀传统文化资源开发不足

在互联网的泛娱乐化传播趋势下，中华优秀传统文化内涵不可避免地被弱化，失去其本来的内容意义，传播价值受到一定的冲击；同时，按部就班地对传统文化内容进行解读，难免会让人产生一种晦涩难懂的刻板印象，在“一带一路”沿线国家难以被认同。另外，我国优秀传统文化在发展过程中也存在资源的开发利用不充分的情况，传统文化品牌数量匮乏、同质化现象严重、影响力小，缺乏与西方强势文化产业竞争的实力；传统文化产业商业化运作模式不够完善，导致后继力不足，在国际竞争中处在弱势地位；文化生产力发展缓慢，提供文化服务的能力不足，导致我国文化软实力薄弱、吸引力不够，这严重束缚了中华优秀传统文化在“一带一路”沿线国家的传播。

2. 文化领域改革滞后且缺乏创新力

近年来，我国对经济领域进行了多次大刀阔斧的体制改革，与之相比，在文化方面的改革较为滞后。当前，我国政府文化职能不清晰，宏观治理水平不成熟，科学的治理体系不健全，在一定程度上削弱了中华文化在国际上的影响力。新媒体时代下，人人都可以成为传播主体，导致文化传播话语权分散，内容质量参差不齐且缺乏竞争力，公共文化产品与服务资源存在着极大的浪费。新时代我国文化领域体制改革处于起步摸索阶段，文化产业发展缓慢，究其原因：一是文化资源整合不足。当前，我国文化产业结构规模小、升级缓慢，缺乏特色鲜明且有影响力的文化品牌和文化企业，丰富的传统文化资源难以得到系统有序地整合以及高效地利用。二是文化改革受到经济利益导向的束缚。当下，我国娱乐业在文化领域的发展异常繁荣，市场价值导向趋向于逐利，文化从业者缺乏责任意识，致使陈旧因袭、复制仿造、粗制滥造的文化产品泛滥，文化创新的动力和活力不足。三是文化市场对生产要素的投入欠缺。由于我国文化市场体系不健全，对最基础的技术、人才、资本等关键要素的投入不够，导致传统文化生产动力不足。创新是文化发展的动力，改革是文化创新的根底。我国在文化领域的改革与创新势在必行，我们应当用发展的眼光看待中华优秀传统文化，在“一带一路”倡议下寻找新的传播突破点，赋予其独特的时代价值，推动中华优秀传统文化被沿线民众所接受喜爱。

3. 国际文化传播与交流模式亟须创新

文化传播在“一带一路”文化交流与合作中占据着重要地位，同时与政策沟通、设施联通、贸易畅通和资金融通相辅相成，是实现“民心相通”的基础。随着“一带一路”建设文化方面的不断发展，中国关于“一带一路”建设的国际传播模式暴露出了很多问题。其中文化传播内容缺乏载体、渠道分散和中国特色社会主义文化资源没有完全转化为文化软实力是“一带一路”建设中国家传播模式亟待完善的主要问题。

第一，中国文化传播内容缺乏载体，不易被沿线国家民众接受。完善文化传播是提高国家文化软实力的重要途径。“一带一路”建设不仅是经济上的合作，还是建立在历史上、跨领域、跨空间，将历史与现在和未来结合起来的文化合作。“一带一路”建设由中国牵头、形成了全球性的文化合作方案，同时也为中国自身的文化软实力提升创造了更多的机遇。但是由于“一带一路”建设参与国众多，文化背景不同，诉求不一，经济承受力不同，媒体适应市场的能力存在差异，这些都为中国文化在国际上传播带来了不言而喻的挑战。目前，领导人的外交活动、时政新闻等是中国对外传播文化的主要途径与方式。缺乏其他文化传播载体，缺少符合沿线国家特色和易于沿线国家人民接受的文化载体，致使在跨文化交流过程中中华文化与其他国家文化对接不上或者出现偏差等问题。

第二，中国文化传播渠道分散，不利于中国文化传播。“一带一路”建设需要文化先行，只有文化沟通提供舞台，经济才能腾飞，而在文化先行过程中传播渠道是否完善是最为重要的。目前，中国已是世界第二大经济体，综合国力和国际地位都得到了很大发展，对外传播能力也得到提升。但是，由于“一带一路”建设的文化传播渠道不够集中，文化在对外传播的过程中魅力被削减，不利于提升文化软实力的凝聚力。首先，关于“一带一路”建设的传播途径，我国大多采取教育（如孔子学院）、旅游合作、艺术表演等渠道来宣传。但是由于“一带一路”建设涵盖的国家以及地区较多，中国与沿线各国的合作方式不一样，这会导致传播渠道分散。不同的环境、不同的历史文化背景会导致不同国家的人对于同一事物或者同一文化现象会有深浅不一的、肯定或否定的理解。因此，针对此现实问题中国在与沿线国家进行文化交流时会出台针对每一国家的传播方式，这会导致文化对外传播出现碎片化。其次，从“一带一路”建设沿线国家文化传播现状来看，中国欠缺对差异化信息环境精准化分析的能力，无法做到在精准把握不同环境下进行文化传播。此外，沿线国家自身所具备的文化传播渠道不完善，导致中国在进行文化传播时传播渠道无法实现良好对接。而且“一带一路”沿线国家众多，经济发展水平不一，因此在硬件基础设施上参差不齐，导致文化传播无法形成统一的文化传播模式。

第三，中国特色社会主义文化资源没有完全转化为文化软实力。在“一带一路”建设中，由于中国传统文化具有地域与历史的局限性，沿线国家对其认同度较低，同时，中国优秀传统文化在发展与传播过程中存在开发不足、利用率低下等问题，根本原因是传统文化所蕴含的价值观不能很好地转化，并且文化本身具有的差异性导致我国不能够全面了解、挖掘沿线国家传统文化的价值并实现无缝对接。沿线国家具有不同的历史底蕴和文化背景，宗教信仰、政治制度多种多样，在这样的环境下进行文化的交流沟通，中国的传统文化并不具有关键性的优势，因此，我们更应该努力实现对中国传统文化的挖掘创新，将中国传统优秀文化以人们喜闻乐见、易于接受的方式向世界展现，让世界各国全面深入地了解中国文化。而且以“和”“仁爱”等为代表的传统文化不仅对中国自身具有深厚的意义，对于世界也是一笔精神财富。因此，基于沿线各国文化交流所处的环境，我们要找寻合适的方式深挖中国传统文化的价值，避免造成浪费，促进中国传统文化尽可能多地转化为文化软实力，增强中华文化的影响力与吸引力，让“一带一路”建设背景下的文化软实力的提升更加完善。

（八）国际社会对中国的误解带来的挑战

“一带一路”建设跨文化传播已被证明无法用行政手段强行“走出去”。由于“一带一路”建设经济项目主要是在中国主导下推行的，若在经济和文化“走出去”方面都有行政主导的情况下，中国难以摆脱“经济上抢夺国际资源”“文化上对外扩张”的国际舆论旋涡。面对中国迅猛的发展势头，西方媒体调整策略，改用“锐实力”对中国进行污名化，挑拨国家间关系，对目标国家进行意识形态的渗透，从而使其拒绝中国倡导的“一带一路”建设，拒绝共同构建人类命运共同体。中国作为一个具有世界影响力的新地缘政治辖区中心的出现，不仅要归因于美国和俄罗斯在西太平洋和北太平洋地区影响的衰退，还要归因于中国本身发生了变化。中国的强劲发展势头和逐步崛起，使周边国家增加了不安全感，更引起了以美国为首的西方国家的警惕和敌视，以至于“中国威胁论”“黄祸论”甚嚣尘上。然而“中国威胁论”就是西方国家为维护其强权政治和霸权利益所一手炮制的，其实质就是在西方中心主义价值体系的掩盖下，不遗余力地渲染“中国威胁”，引起周边国家对中国和平发展的不信任，为美国在亚洲的军事存在编织理由，意图遏制中国崛起的良好势头，进一步巩固美国在世界的主导地位。新一轮“中国威胁论”呈现出多元化、复杂化特征，从宣扬主体看，周边相关国家开始与西方国家联手进行丑化宣扬，呈现逐渐扩大之势；从宣扬内容看，“意识形态威胁”与“经济威胁”“军事威胁”“文明威胁”等相互交织，呈现面面俱有态势。

“一带一路”建设刚提出时，有人把它比为中国版“马歇尔计划”。虽然“一带一路”建设与“马歇尔计划”都促进了其他国家的发展，但是二者最大的不同在于美国实施“马歇尔计划”的根本目的是维护自己在世界的主导地位，而“一带一路”建设用实践证明了中国与沿线国家的合作不是为了自己称霸。中国在发展的同时，也不忘让沿线国家一同搭上发展的快车，通过多方参与，通过互联互通设施的建设，这些国家与中国，以及这些国家相互之间能加强经济融合，实现互利共赢，持续推进人类命运共同体构建。“一带一路”倡议提出以来，中国政府、企业和各类组织投入大量的人力、物力、财力和精力，使得沿线国家和参与各方收益颇丰。事实证明“一带一路”建设倡导的国与国之间的合作共建，是在广泛尊重各国主权基础上开展的经济共享、政治协商和文化交融活动，打破了西方媒体所宣称的“走向意识形态同化”的谎言，也没有出现像西方学者所说的会引发大规模军事冲突或地区间摩擦的情形。面对国际社会对我国的误解，我国也努力做出正确的阐释和澄清，但长期以来形成的认知偏见、媒体误读、受众误解等现象恐怕在短期内难以改变。因此，要注重彼此间文化的沟通交流，既注重官方合作，更要广泛开展非官方文化互动，让各国民众在文化交流的过程中深刻了解中国文化和“一带一路”精神，逐步弥合因意识形态差异带来的文化鸿沟，消除认知障碍，增进彼此了解。

二、中国传统文化对外传播的现实挑战

中华文化在几千年的发展进程中持续变更，汇聚了全民族的精华，形成了中华优秀传统文化，是中华民族的珍贵财富。在不断变更、信息迅猛交互的现今，面对外来文化的冲击，中华优秀传统文化的宣传模式也要同时代发展相适应，只要这样，才可以避免出现文化继承失衡现象。

（一）过度商业化，制约了中华优秀传统文化的传播

市场化的不断加深，对中华优秀传统文化的发展有利有弊。一方面，中华优秀传统文化可以借助市场的推动被更多人熟知与传播，另一方面，过度的商业化，使中华优秀传统文化原有的内涵丢失，进而阻碍其发展。经济、政治决定文化，文化与经济、政治相互影响，当二者有机统一时，文化起到积极的反作用，推动经济发展，创造经济效益。随着市场化不断加深，原有的部分商家逐渐偏离初心，一味追求商业利益，逐渐走上功利化的道路。这一过程中，传统文化被曲解、虚构，其用虚假甚至丑陋的形式诠释中华优秀传统文化，以满足部分顾客的低级趣味。如最近几年的著作翻拍，投资者只顾及眼前蝇头小利，一味改变著作，将其原有的文化精髓给予删除。这一做法，不仅影响了作品人物的塑造，更阻挠了观众对中华优秀传统文化内涵的领略。一些电视选秀节目，打着传统文化的旗号，博眼球、炒话题，一味迎合低价审美，并未真正发掘和传播中华优秀传统文化的深层内涵，使得年轻观众对博大精深的中华优秀传统文化产生误解，更严重的后果是使青年人对中华优秀传统文化失去兴趣。

（二）受众网络化，导致中华优秀传统文化底蕴疏离

新时代以来，以网络为载体的新媒体发展十分迅猛，如今新媒体使用人数飞速增长，新媒体已成为我国的重要宣传载体。新媒体的快速发展，对我国优秀传统文化来说是把双刃剑，极大推进中华优秀传统文化传播的同时，也加快了不良传统文化的宣传速度。在新的发展趋势下，优秀传统文化与新媒体也存在一些不易调和的矛盾。一方面优秀传统文化因系统繁杂，内容覆盖面广，需要一段适应新媒体这一科技产物的时间。另一方面由于新媒体的迅速发展消解了优秀传统文化的内涵，因此一些优秀的传统文化无法在新时代适应新媒体的传播模式与表达方式。

首先，新媒体在其发展过程中对中华优秀传统文化内涵造成了一定程度上的消解。部分网络热词的出现使中华优秀传统文化中的汉语艺术丧失了美感，如“不明觉厉”“虽迟但到”“网抑云”“蓝瘦香菇”“喜大普奔”等，这些网络热词在人民群众生活中广泛传播，不仅成为成年人茶余饭后的日常消遣，甚至还影响着青少年对汉语艺术的传承。汉语是传承中华优秀传统文化的重要载体，滥用汉语的

常规涵义不利于优秀传统文化的继承。此外，还有部分网友在网络上对中华古诗词进行滥用，这些不合理的诗词转化，严重消解了古诗中的传统文化内涵，不利于传统文化的顺利传承。中华民族有上下五千年的历史，传承下来了无数经典名著，但是一些影视公司为了增加卖点，在翻拍经典作品时，不顾历史真实性，脱离历史实际，甚至在后期对历史人物进行抹黑、污蔑，使观看影视剧的观众误以为是真实的历史。

其次，新媒体的迅速发展，信息技术的不断提高，极大地冲击了传统文化的表达方式。现在手机、平板电脑逐渐普及，人们更多地使用电子产品进行学习，处理工作事务，不再注重汉字的书写。诚然，电子产品具有强大的文字处理功能，但是传统的汉字书写锻炼的不仅是人们的书法技能，还有汉字的听说读写能力。不少人习惯了用输入法打字交流，一旦需要手写出来就出现了提笔忘字的情况。以往由于时间空间的距离，人们往往通过书信表达思念之情，字字句句蕴含着浓浓的情意，如今通信技术越来越发达，人们随时随地都能够进行沟通，但情意的表达明显没有那么情真意切了。除此之外，在阅读方式上，网络化也对传统纸质书籍造成了冲击。人们借助各种电子产品，随时随地进行着新闻、小说、杂志、名著的阅读，虽然方便，但这种碎片化的阅读方式不利于深入地理解阅读内容，往往是读完却什么也没有记住。新媒体以互联网为载体而兴起且获得了迅猛发展，它已经深深走进了人们的生活，变革了人民的生活模式。新媒体的特点是受众广，传播迅速，内容丰富，易于操作，表现效果好，这种特点也掩盖了传播传统文化中糟粕部分的隐患。新媒体具有传统媒介所不能媲美的多元视听效果，不仅能够呈现出文字、图像、声音，甚至还能够以视频的形式进行呈现，具有极高的交互性。人们通过新媒体能够广泛地参与到信息传播中来，但这一优点也导致无论是优秀的传统文化，还是封建糟粕，都能在极短的时间内进行急速传播，给社会带来了一定的负面影响。

（三）网络时代信息碎片化，切割了中华优秀传统文化传播的整体性

新媒体科技的普遍运用，降低了宣传门槛，革新着消息的宣传模式，与此同时也变更着受众的消息接触模式、思维模式与生活模式。新的媒介迅猛革新着宣传环境，提升了传播速率，开拓了宣传范畴。与此同时，新技术的负向效应也确

切留存。一方面，传播内容碎片化。中华优秀传统文化是一个综合性系统，但是在实际宣传进程中，新媒体通常抓住一个细化的知识点展开论析与探研，对内容关注较为零碎，且随意化偏向严重，往往深度不够。

另一方面，思维方式表象化。伴着宣传内容的零碎化，及其传授两者界限的模糊，接受消息乃至宣传消息的人，其思维模式也逐渐零碎化与表象化，人的综合性思考逐渐消解。就中华优秀传统文化的宣传来看，宣传内容的零碎化约束了对传统文化的整理与考虑，致使媒介片面地了解与释析，暂停在就事论事的浅层陈述中。各媒介载体的关注点不一样，有些关注传播品质，注重知识宣传与文化宣传的正向效应，而有些则仅关注流量，宣传模式偏向于娱乐化与商业化。信息品质有高有低，使用方难以划分辨析，反过来又使人的思维模式变得碎片化与表象化。

（四）传统文化对外影响力欠缺

中华传统文化穿越历史长河伴随中华民族起伏兴衰，以其生生不息的独特魅力在人类文明史中占据重要一角，时至今日依旧光彩夺目。讲好中国故事，让中华传统文化影响力远播四方是文化强国建设必须完成的任务。当前我国在传统文化对外传播能力方面尚有欠缺，缺乏具有代表性的传统文化传播方式，传统文化传播理念也存在一定误区。当前我国官方层面的传统文化传播方式主要有：中央广播电视总台开设的不同语种的电视频道以播放新闻及纪录片等方式介绍中国；通过隶属于国家汉办的非营利性教育机构“孔子学院”“孔子课堂”等进行系统性的中文教育；驻各国使领馆不定期举行的传统文化交流活动等。民间层面的传统文化传播，除海外华人华侨、留学生等日常生活方式的展现外，更多通过互联网进行。当前我国尚未探索出好莱坞大片、韩剧综艺、动漫等具有代表性的传统文化传播方式。官方层面的传统文化传播方式相对正式，但与国外普通人的日常生活的融入程度较小；民间层面一方面传统文化传播的力度较低，另一方面难免出现良莠不齐的情况。探索一种成规模、成体系的传统文化传播方式作为我国传统文化对外传播的中坚力量，既能在不同国家满足其人民群众对于中国传统文化产品的需要，又能将中华传统文化的深厚底蕴与优秀内核以潜移默化的方式展现出来，这是我们当前需要着重做的。

在传统文化传播理念方面我们尚存在一定误区，过去我们谈到传统文化的对外传播，多强调让世界了解中国，了解中华传统文化的历史，了解中华文明的具体成就。诚然，无论过去的中国还是现在的中国，都值得中国人由衷地骄傲，但在传统文化对外传播过程中秉持这种理念多半会因远离普通人的生活而在无形之中降低国外人民了解中国的意愿。我们在对外传播传统文化时，既要有“阳春白雪”，也不能缺少“下里巴人”；让各国人民在了解中国时，不但知道中国宏观上的壮阔，还能在微观层面了解中国的市井阡陌，了解中国百姓的寻常生活；既知道中国城墙斑驳、沧桑古朴，又知道中国霓虹耀目、靓丽时尚。一言以蔽之，传统文化传播不能少了“烟火气”，对外传播传统文化需要将中国的传统与现代相融合，以一种足够贴近国外人民日常生活的方式进行。传统文化传播理念的转变在当前显得至关重要。

三、新媒体时代中国传统文化对外传播面临的挑战

（一）新媒体视域下西方国家推行文化和信息霸权带来的挑战

现代媒体信息技术持续创新与发展，尤其是以数字技术、网络技术和移动通信技术等为支撑的新媒体的迅速崛起，彻底改变了全球传播的样态，深刻影响了国际传播格局的建构，推动着国际传播格局逐步由“多强”向“多级”过渡。但就当前形势而言，国际传播格局还处于“西强东弱”的失衡状态，以美国为首的西方大国依然是国际传播格局的主导者，在国际舆论领域具有绝对的话语权，它们刻意以西方文化价值理念渗透和否定其他民族文化，信息霸权之势仍在。

西方的信息霸权主义正是如此，部分西方发达国家凭借其强大的经济和信息技术实力，妨碍和压制他国自由使用信息，将本国的文化理念、意识形态及生活习惯美化为普世标准，并在全球范围推行，以达到用软实力操控世界的目的。这些西方大国几乎控制了世界信息流通的内容及方式，利用新媒体全方位、全时段地向全世界输送西方的文化理念和价值观念，企图在传媒领域刻上西方烙印，建立覆盖世界的信息霸权。针对中国媒体，西方国家还实施了阻挠中外媒体合作、加大对华网络管制等一系列无理打压，使得我国外宣媒体在国际舆论场中话语权受损。受国家权力的支配，这些自我标榜新闻自由“捍卫者”的西方媒体同样表露出浓厚的霸权色彩与虚假特征，一边恶意打压中国媒体，一边又虚伪地强调新

闻要真实、自由；一边要求中国媒体不触及西方负面新闻，一边又肆意丑化和抹黑中国，用意识形态滤镜审视和指责中国，把中国传统文化污蔑为“集权文化”“流血文化”，因此国外受众自然无法客观、理性地认识中国传统文化，容易对中国传统文化产生误解，出现排斥甚至是反感心理。

（二）新媒体视域下中外文化差异和意识形态差别带来的挑战

意识形态是人们利益取向和价值取向的反映，可以通过影响人的思维方式来影响人对事物的判断，支配人的思想行为。正是意识形态的差异让世界人民对中国传统文化形成了迥然不同的看法与态度。在西方世界，中国传统文化向来被资本主义势力看作“异己”“眼中钉”，再加上中国的快速崛起，个别西方国家深感不安，为了维护其霸权地位，它们在世界高唱“中国威胁论”，使得中国和带有社会主义意识形态属性的中国传统文化成了西方意识形态偏见针对的重点对象。在传统文化的国际传播过程中，西方势力无限放大传统文化带有的政治、阶级和革命属性，而刻意回避传统文化所提倡的无私奉献、艰苦奋斗、合作互助等超越民族、超越国界的人类共同理念，并利用其话语垄断权和强大的媒体实力孤立或是丑化我国的传统文化，使国际受众无法看到真实全面的传统文化，出现了忽视、曲解甚至是抵触传统文化的情况。简言之，这一系列的无理举动严重阻碍了我国传统文化的国际传播。意识形态决定文化的发展方向。不同国家、不同民族的文化由于意识形态差异在传播和交流时或多或少都会出现“文化折扣”的现象，即由于传播双方的文化背景、文化偏好和文化认知水平存在差异，在接触陌生文化时，受众的兴趣度、专注力和理解力等都会大打折扣，使得文化被曲解和误读的概率大幅增加，而且这种“折扣”还会根深蒂固地存在并持续影响世界人民的交流和交往，构成文化传播的一大障碍。当前，我国的传统文化国际传播事业正面临着“文化折扣”的难题。中外文化间的巨大差异，尤其是在语言表达、价值观念、民俗习惯等方面的差异，给中国传统文化的国际传播工作带来了无形的障碍。由于文化的差异，不同的语言在字面意义、形象意义和隐含意义等方面很难实现完全的对等，就“红色”一词而言，红色在我国象征喜气和热烈，在西方却象征残暴和流血。也就是说，不准确的语言表达容易向海外受众传递无效、错误的红色信息，造成中国传统文化误读，引发受众的反感心理。

因为风俗习惯的差异，国际受众很难直接从字面意思上理解中国传统文化的深层内涵，特别是涉及社会心态和价值观念的部分，他们更是不明就里。因此，在中国传统文化的国际传播过程中，如何妥善处理中外意识形态及文化之间的巨大差异，让国际受众真正、全面地认识、接受，进而认可中国传统文化，是当前中国传统文化国际传播的又一难题与挑战。

（三）新媒体视域下传播能力不强带来的挑战

加强国际传播能力建设是我国于2009年开启的一项重要外宣工程。即形成以中国国际电视台这一旗舰媒体加上新华社、中国国际广播电视台、中国新闻社、中央电视台、中国日报和人民日报等六大外宣媒体为主导，及我国其他外宣机构共同参与的多语种、多媒体国际传播格局。但和西方媒体相比，我国媒体的国际传播能力仍旧偏弱，处于劣势，甚至在短期内都无法与其相抗衡。就国际传播的广度、深度来看还是远远不够，发出的中国声音不够响亮，对国际受众产生的传播效果也比较有限。究其原因还是我国媒体的国际传播能力不强。其中，议题设置能力不强是我国媒体国际传播能力不强的首要表现。在新媒体时代，议题设置是赢得国际话语权的关键，尤其是在国际舆论场上，受众关注什么话题、讨论什么话题几乎都是由具有强大媒体实体的对象决定的，这也就意味着西方主流媒体在议题设置方面占据绝对上风位置，而我国媒体则在此方面处于下风。就中国传统文化国际传播工作而言，西方媒体能够决定中国传统文化的绝大多数议题如何设置，用西方的思维和眼光来评判我国的传统文化，直接或间接地对中国传统文化做出定义或说明，引导国际受众讨论它们设置的中国传统文化议题，从而使我国媒体陷入被动。此外，突发事件应对能力不强是我国媒体国际传播能力不强的另一表现。由于我国媒体起步较晚，国际影响力较弱，在中国传统文化的对外传播过程中长期处于被动回应的尴尬地位，因此在西方媒体突然对中国传统文化发起质疑和责难时，容易出现回应力度不足、回应方式不当等问题，而且这类情况一旦出现，西方媒体又会迅速抓住机会，再次造势，从负面描述中国传统文化的国际形象，诱导国际受众对中国传统文化进行批评和指责。目前我国还缺少能自主可控地将真实的中国传统文化传播到国际社会的有效媒体平台，所以说，我国媒体的国际传播能力不强给中国传统文化融入国际社会带来了严峻挑战。

（四）新媒体自身的局限性带来的挑战

1. 新媒体视域下传播主体面临的挑战

新媒体的出现使得核心价值观的交互性传播成为可能，传播主体与受众能够平等交流、共同探讨，这在一定程度上增强了传播内容的渗透力和吸引力。但与此同时，新媒体也给传播主体带来了挑战，突出表现在以下几个方面。

第一，弱化了传播主体的权威。随着新媒体的出现而产生的交互性传播方式在消解传统意义上传播主体对传播话语权的领导权威的同时，也形成了一种反权威、去中心的力量，这种力量同时兼具建设性与破坏性，既有利于通过频繁的沟通和交流推动传播中国传统文化的集体性智慧，也可能为非理性的、荒诞的、负面的价值观的传播创造条件。新媒体时代，信息空间和平台是共享的，信息发布门槛的降低使得受众获取相关信息的渠道增多，因此，过去传播主体在传播方面所具有的知识权威也逐渐得到消解。此外，节点传播的模式也使得中国传统文化相关信息内容失真的概率提升，在无形中弱化了传播主体的权威。

第二，推动了传播主体的多元化，使其整体素质和水平受到一定影响。新媒体发展更新的速度过快导致对中国传统文化传播主体的新媒体水平要求逐渐提高，但总体而言，传播主体的主动适应性不强，观念更新不及时，而且其大众化本身也容易造成传播队伍水平参差不齐。

2. 新媒体视域下传播受众面临的挑战

新媒体环境下“分众传播”与个性化传播成为可能，受众具有高度的自由性和选择性，因而可以自主选择和接受传播信息。但与此同时，信息供给量的暴增远远超过了受众信息处理的能力，在一定程度上增加了受众的主体性困惑、分散了其注意力。

第一，信息传播的海量性特征容易使受众陷入选择困境。众所周知，新媒体平台具有很强的包容性与开放性，东西方文化价值观、多元社会思潮在这个平台上相互碰撞，而且信息量过大、信息成分过于复杂给价值观过滤增加了难度，受众在进行价值选择和价值判断时的理性思考能力受到影响，而且其在迷茫、无助的状态下也极易受到未经过滤而四处扩散的负面信息的影响，这些冗杂、重复性较高且过量的信息有可能引起受众的逆反心理，从而为受众的价值观念带来负面影响。

第二，碎片化传播方式容易分散受众的注意力并影响中国传统文化传播的实际效果。信息环境复杂多元，面对纷繁复杂、符号化、抽象化、千篇一律的过量信息，人们容易出现视觉和审美疲劳，同时，碎片化的信息也使得受众保持注意力集中的难度增加。传统媒体环境下，受众的注意力长期被党报党刊吸引着，然而在新媒体环境下，传播渠道、传播格局的多元化与传播内容、舆论环境的复杂性，增加了激发和维系受众注意力的难度，为提升中国传统文化传播效果增加了难度。

3. 新媒体视域下传播内容面临的挑战

新媒体为中国传统文化传播提供了日益丰富的实践平台，使得受众可以同时在“网下”和“网上”践行中国传统文化，而且新媒体平台的出现也为中国传统文化传播内容的生产、制造提供了大量时效性强的素材和资源。但与此同时，实践平台的增多也在很大程度上消解了传播内容的理论性及深刻性。传统媒体时代，中国传统文化的传播内容是经过仔细甄别和严格审查的，不仅在质量方面不会存在问题而且往往很好地体现了鲜明的政治性与深刻的理论性。但在新媒体环境下，传播过程在结束之前很少受到外界条件的干涉与制约，传播平台日益增多的同时也为理论性不强、政治意识淡薄的相关信息的传播创造了条件，而且传播信息多元化、海量化的特征也使得非科学的多元价值观念在虚拟空间中广泛传播，对核心价值观传播内容的深刻性造成一定干扰。如一些亵渎祖先、经典、英雄等的相关信息层出不穷，一些低俗、庸俗、媚俗的文艺作品泛滥，这都对人们的价值观产生了负面影响。此外，在新媒体平台上传播和践行中国传统文化往往带有休闲和娱乐的倾向，与之相关的传播信息也往往以碎片化的形式传递给受众，这样受众对核心价值观内容的理解就很容易陷入片面化、表面化的困境，在之后进行二次传播时就会进一步消解其内容的深刻性、完整性与逻辑性，影响其传播效果。

4. 新媒体视域下传播媒介面临的挑战

新媒体的出现拓展了中国传统文化传播的平台以及时间和空间范围，传播媒介日益丰富，使得受众能够随时、自主地获取与选择传播信息及内容，因而扩大了核心价值观传播的实际范围。但与此同时，传播媒介的日益多样化也增加了对相关媒介及信息进行监管的难度。在传统媒体时代，传播中国传统文化的媒介数量有限，因而传播的相关内容的信息量也不是很大，无论是对媒介还是对媒介所传播的信息的监管都非常严格，而且一般采用的监管方式是事前监管，监管难度小而且相对有效。但在新媒体时代，传播媒介的数量不断增加、传播平台日益拓展以及传播主体日渐大众化和多元化，与中国传统文化相关的传播信息数量呈“爆炸式”增长，在此背景下，不仅需要对传播媒介和传播信息进行监管，还需要对传播核心价值观的个体进行有效监管，以避免因为信息量过大引起价值观混乱。

5. 新媒体视域下传播环境面临的挑战

新媒体作为一个重要因素，不断改变并影响着中国传统文化的传播环境。新媒体平台上多元价值观念、社会思潮相互交流、交融、交锋，一方面有助于增强人们的自由、平等意识，另一方面也给中国传统文化的传播带来了冲击，使其传播环境更加复杂。这种冲击和传播环境的复杂性主要体现在以下两个方面。

第一，敌对势力凭借自身所具有的新媒体优势以及所占有的新媒体资源，以隐性传播的方式对我国进行意识形态渗透，从而对中国传统文化传播形成强烈冲击。一直以来西方国家都非常重视本国价值观的传播，而新媒体技术的发展正好为其核心价值观的传播提供了支持和保障，如它们经常将其中国传统文化的主要内容融入文化产品中并进行包装整合，然后借助新媒体平台兜售其文化产品以此影响我国广大民众的社会心理、思维习惯、文化理念和生活方式，从而进行全面隐性的价值渗透。

第二，新媒体技术与资本逻辑相结合，给不法分子为追求商业利益而攻击中国传统文化提供了机会，加剧了传播环境的复杂性。新媒体环境下，尤其是在虚拟网络外衣的遮蔽下，一些新媒体平台为了追求商业利益便利用网络信息监管的盲区，借着学术研究的名义，大肆宣扬与中国传统文化相违背的言论，从而混淆受众视听并污染中国传统文化传播环境。

第四章　新媒体视域下中国传统文化对外传播的模式分析

在新媒体环境下，我国传统文化的传播模式发生了变化，新媒体下的传播模式提高了传统文化传播的速度，拓宽了传统文化传播的范围，促进了我国优秀传统文化的发展，构建了全新的文化发展体系。本章主要分析了传统文化对外传播的三种模式：论坛式传播、学院式传播和虚拟式传播。

第一节　论坛式传播

一、论坛式传播的定义

论坛，从字面意义上来看，论指的是讨论、辩论，坛是平台的意思，合在一起，就是发表思想、观点并进行传播的平台。文字作为一种符号，其意义也随着社会生活的变迁而发生改变。网络时代背景下的论坛，被赋予了新的含义，即作为一种电子信息服务系统，在网络上发帖回帖讨论的平台。论坛式传播中的论坛是传统意义上的论坛。论坛成为当下进行学术、信息交流的一种重要形式，它具有参与者广、传播效率高、交互性强的特点。

传统文化的论坛式传播，指的是借助论坛形式面向一定的受众而进行的传统文化传播活动，举办的时间分 1 天到数天不等，周期也由主办方来安排，有的是长期定时举办，有的是短期巡回举办；传播的性质多为公益性质。如果给论坛式传播下定义的话，指的是由特定的组织或个人举办的，或不定期举行的公益性质的讲座，每次讲座内容依据主体而定，可能迎合当下存在的社会问题或是与现实时间节点相对应。

以“中华优秀传统文化演讲团”为例，中华优秀传统文化演讲团是由河北省传统文化研究会主办，河北省电视台等共同参与组成的专门弘扬传统文化的演讲团队，围绕社会主义核心价值体系，弘扬中华优秀传统文化。该演讲团主要由全国道德模范、感动中国人物、国学专家教授等成员组成，围绕“个人品德、家庭美德、职业道德、社会公德”揭示“修身、齐家、治国、平天下”的道理，将中华优秀传统文化与时代精神相结合，增强民族凝聚力，为构建和谐社会、实现中国梦做出积极贡献。2012 年至今，应邀在全国举办大型公益论坛 400 余场，参与人群 32 万之多，演讲团队中的成员一般相对固定，论坛的课程内容需要经过审核备案，一般不涉及宗教、商业广告等内容和目的，以保证其公益性。当前我国公益论坛的举办流程，仍然是首先需要由合法的主办单位到公安机关办理备案登记手续，获得批准后方可邀请演讲团体举办论坛。

二、拉斯韦尔的“5W”模式理论基础

中国传统文化的内容能够在世界得以传播与发展，究其原因，离不开我们政府政策的大力支持，大众媒体的广泛传播，文艺工作者的辛勤付出，外国友华人士的尽力支持以及对外汉语教师的默默付出。为了了解在对外汉语教学中传播中国传统文化的可行性，并且找到传播中国传统文化的途径，以“5W”传播模式为理论依据，来研究论坛模式在中国传统文化传播中的运用。

（一）传播者与受传者

我们传播中国传统文化的方式大部分以课堂授课为主，在传统的教室里通过言语口述传达给留学生，这种方式对于留学生来说是比较枯燥无聊的，因此，作为传播者，我们需要采取多元化的传播方式。首先，我们可以举办线下的文化体验课程供学生选择，类似剪纸、书法、绘画、武术、太极等易于操作的，讲到戏曲可以联系地方剧种来让留学生切实地体验戏曲的魅力，讲到建筑也可以带留学生实地去感受中国建筑艺术的特点。其次，教师可以与留学生一起创办关于中国传统文化类型的报纸、论坛，创建中外传统文化交流微信群、QQ 群等，借助新兴的网络媒介让学生更好地体验传统文化。最后，我们可以借助广播、影视作品、游戏等让学生体验中国传统文化，让学生去听一些广播评书，如单田芳说《三国演义》，刘兰芳说《红楼梦》，等等。影视作品如与四大名著相关的电视剧，《王

者荣耀》游戏里英雄角色的故事与皮肤等都可以方便留学生接触中国传统文化知识。大部分留学生对于中国传统文化都抱有好奇和想要窥探的心理。因为在他们看来，中国是一个历史悠久的国家，同时这个国家的文化与他们的文化又有很大的不同。很多留学生来华是受到中国传统文化的吸引而来的，刚开始，他们学习的只是语音、词汇、语法、句子等内容，但随着他们汉语水平的提高，他们想要去学习、了解中国传统文化。并且，不同国家、民族的学生所感兴趣的中国传统文化也是各不相同的，如有的学生喜欢中国的茶文化，有的学生热衷于中国书法，有的学生偏爱中国戏曲，有的学生喜欢中国历史，有的学生想要了解中国的酒文化等。在这样多样化的需求下，我们作为传播者要尽可能地满足学生的需求。作为传播者我们有多元化的传播手段，而受传者也有多样化的需求。我们传播者需要熟知中国传统文化，要知道如何去“编码”中国传统文化，懂得做一个具有跨文化意识的“释码者”，主动去做一个了解他国文化的“译码者”从受传者的需求出发，站在受传者的角度去思考传递中国传统文化的意义和作用，不过两者之间的地位是平等的，交流是双向的，这就需要传播者和受传者一起努力，使得中国传统文化得以有效传播。

（二）信息与媒介信息

信息有如下三个特征。

第一，信息总是与现实或历史中的事实、现象相关，通过一定的方式（新闻、档案、数据、观点等）表现出来。

第二，信息只有处在交流中才具有信息的意义，因而需要被相关的接收者接受，无人承认的信息不是信息。我们向留学生传授中国传统文化知识要懂得交流，不仅可以交流中国传统文化的知识，还可以探讨留学生所在国家的优秀传统文化，一起探讨彼此文化之间的相同与差异。我们要注意信息需要被接收者接受，也就是留学生打心底愿意学习中国传统文化知识，如果是强迫性的且让留学生觉得太勉强，这样的信息传播是毫无意义的。

第三，信息的功效与传播的时效成正比，失效的信息不再是信息。所以在传播中国传统文化时，教师要把握时效性，如果内容放在今天的社会并没有用处，反而是一种累赘，我们可以选择抛弃这部分内容。中国传统文化知识庞大复杂，教师无须面面俱到，应选择有意义的、具有时效性的中国传统文化知识，这样的中国传统文化知识留学生学起来才觉得有意义。

我们在传播中国传统文化知识除了借助一些传统媒介之外，也要使用新的传播媒介。新的传播媒介的出现对于我们传播中国传统文化是有利的，但也不要过于着眼于新的传播媒介，有时候利用传统媒介也不失为一种好办法。媒介只是工具，我们的目的是传播中国传统文化，只要该媒介能够帮助我们，我们就可以拿来使用。

（三）反馈效果

要了解一门中国传统文化课是否成功，传播效果是否显著，就需要根据外国留学生所给的反馈来把握。反馈效果作为拉斯韦尔“5W”传播模式的最后一环是最重要的一环。只有在前面四个环节能够完成的情况下，我们才能够详细地记录和分析外国留学生在学习中国传统文化时的反馈信息，这样我们才能知道“信息”是否真的传播给了“受传者”。在中国传统文化教学中，我们要不断地开拓创新，根据每一次的反馈信息来制定新的方法，变换传播方式和手段，让学生对中国传统文化课时刻保持一种新鲜感。对于每一次中国传统文化课我们要根据反馈效果对整个流程进行分析，只要发现传播方式是切实可行的，那么在下次的教学中就要把握好每个环节需要做的事，这样我们的中国传统文化课就能够水到渠成，即使会有一些不确定的因素，我们也要积极地面对它，去解决不确定的因素，这对于我们上好中国传统文化课是至关重要的。

三、论坛式传播模式分析

（一）论坛传播的基本模式

中华优秀传统文化演讲团的论坛通过其官方网站中华经典网、微信微博公众号发布信息，并有详细的论坛、报告会申办注意事项，而即将举办的公益论坛也可通过官方网站发布报名信息及推广宣传。作为组织传播，论坛式传播具备完整的组织形式和规范化的活动章程。

一个完整的论坛式传播是一个两头小中间大的橄榄球状的直线传播模式，与拉斯韦尔的“5W”传播模式的缺点相同，即缺乏或几乎不存在信息反馈环节。

在论坛式传播中，传播主体由组织者确定，具体传播内容由被邀请嘉宾决定，在整个传播过程中，受众只参与论坛开幕的两天，受众处于相对被动的地位，受传者只能根据论坛主题确定参与或拒绝参与。

（二）论坛传播模式过程分析

1. 传播主体多重性

论坛传播的主体至少有两个单位，一个是主办单位，一个是承办单位。主办单位是指发出邀请的地方单位，而承办单位则是发表演讲的团体。整个活动以组委会负责制的形式组织。主办方发出邀请，演讲团队组织所有人在邀请单位或场所召开座谈会。

组织者和传播者是分开的。论坛的组织者和活动的执行者之间没有太多的交集和隶属关系。虽然事件的执行者和论坛的发言人属于一个组织团体，但在非论坛活动期间并没有过多的交涉。唯一的合作关系似乎就是一个完整的组织在主导整个论坛活动。其实其内部结构松散，委员会是因为论坛才成立的。组委会只负责论坛的开幕，发言人负责发言。

2. 传播符号多元化

在信息的传播过程中，符号是信息的物质载体。在论坛模式传播过程中，各种媒介以其自身的兼容性、共享性、和超文本等特征，同时兼容文字、图像、音频和视频等多种传播符号。通过创造艺术性文字、绘制个性化图片、生成趣味性表情或者插入音频和短视频来生动形象地表达自己的观点，在向大众传播信息的同时更能形成视觉化的有力冲击。

3. 受众筛选的定向与非定向

论坛大都是公益性质，传播目的在于普及中华优秀传统文化，对于论坛的参与者并没有门槛限定，只要是有兴趣或者相关的人群，均可报名参加。这也是目前论坛式传播的基本现实情况。从这一点来看，论坛式传播的受众似乎并没有很强的指向性，但是事实上，在前提的推广宣传中，除了通过大众传播媒介如电视、报纸刊登论坛信息，更多的是通过微信公众号、微信群定向传播。围绕在这些社交媒体圈子的人群，本身就是传统文化的粉丝，因此，从这点看，论坛式传播在受众上是有主观选择的。这就是受众筛选的定向与非定向。

但是对于传统文化的传播对象是否应具有选择标准人们颇有争议。文化的传播对象的选择究竟是否该有标准，人为主观认定某些群体更有利于传播目标的实现是否合理，在与相关论坛的组织人员进行交谈时，是有涉及的。通过举办论坛活动拉取相关企业的赞助费用、在论坛开闭幕式上设立颁奖环节是否违反其公益性，是我们亟待回答的问题。

4. 传播渠道的多元化

媒体技术的发展极大地扩充了传播渠道，为社会公众提供了表达渠道，这也是传统文化民间传播得以发展的重要技术前提。论坛式传播的宣传与传播过程，也是对多种传播载体综合运用的过程，综合了小区户外广告、电视、报纸以及社交媒体——微信、微博等。报名也是通过发送短信和微信的方式同步进行，这同时也降低了活动的人工和时间成本。信息时代，对传播载体的成功应用尤为重要，其能够有效地提高传播效果。以微信为例，其强大的用户黏度，能够使传播活动事半功倍。

虽然传统文化由于内容的保守性，与新媒体有不相适应的因素存在，但是新媒体凭借自身的优势，对传统文化民间传播有许多积极作用。新的媒体形式能够实现传统文化传播的延续性，实现线上线下联动，而不是随着一次论坛活动的结束，整个传播过程就随之终止了。

第二节　学院式传播

一、孔子学院概述

（一）设立背景

中国通过改革开放实现了经济的快速增长。随着国力的发展，中国利用本国拥有的文化资产，努力扩大中国的影响力，创造和平的形象，孔子学院就是最具代表性的例子。中国孔子学院的设立背景大致可以分为两种。

第一，源于中国的内部环境因素。中国改革开放政策的一环——“走出去”战略于 1997 年被采纳为中国企业走向国际化的战略。中国政府将“走出去”战略扩展到了文化领域，实施了文化“走出去”战略。为在国际社会中普及中国文化，中国政府开始设立“孔子学院”，将其作为外交政策的一环。

第二，源于中国的外部环境因素。由于中国经济的增长，许多国家的民众对中国的文化和语言产生了浓厚的兴趣。在此背景下，孔子学院成立。孔子学院作为中国最受关注的公共外交机构，正在举办各种活动项目，并持续扩大至全世界。设立孔子学院是为了弘扬中华文化，通过汉语教学，宣传真实的中国，培养更多的“知华派”。2004 年，中国在韩国首尔设立了第一所孔子学院，2007 年中国政府以实现孔子学院的系统性管理和运营为目的，在北京设立了孔子学院总部。

（二）设立目的

根据《孔子学院章程》第一章第一条，孔子学院旨在适应世界各国的汉语学习需求，增进世界各国对中国语言文化的理解。换句话说，孔子学院致力于加强中国与世界各国文化教育的交流合作，推进中国与其他国家的友好关系，促进多元文化发展，建设和谐世界。在《孔子学院发展规划（2012—2020 年）》中明确规定了孔子学院的主要工作。第一，教授中文及传播中国文化。孔子学院的目标是让汉语在国际上成为通用语言之一。因此，孔子学院在全世界范围内通过开设网络孔子学院及培养教师等来搞活。第二，孔子学院除了汉语教育外，还通过文化体验活动增进文化交流，起到增进世界各国国民对中国的了解的窗口作用。用一句话来定义孔子学院的目的，就是向全世界国民普及汉语学习，传播中国文化以逐渐扩大中国的国际影响力。从设立目的可以看出，中国政府通过孔子学院，广泛宣传新面貌的现代化中国，增进各国人民对中国的了解，让中国成为“机会”而不是“威胁”。孔子学院的具体工作有五个方面，分别是汉语教育、培养汉语教师、提供汉语教育资源、主办汉语教师资格认证考试、提供有关中国国家的教育和文化等信息和消息以及推进汉语和外国语言的相关交流活动。

（三）设立类型及程序

孔子学院的设立类型分为三种。一是中外教育机构合作的类型。二是在本部的许可下通过特许经营设立的类型。三是本部直接投资设立的类型。其中孔子学院的主要设立类型是与外国教育机构合作形成的合作型。具体来说，先由外国方面提出设立孔子学院的申请，本部负责审查申请者的资格，与“中国国家汉办”

签订《关于共建孔子学院的协议》后，由外国方面自行指定中国合作伙伴或根据中国的推荐，与实际一起运营孔子学院的中国合作伙伴达成执行协议后，至此孔子学院才算成立。

首先，从孔子学院的设立程序来看，要想设立孔子学院，外国申请机构必须符合四个条件。第一，申请者必须是合法登记的法人机构，应该有从事教育及文化交流、提供公共服务的资源。第二，申请设立孔子学院的地方，需要学习汉语和中国文化。第三，具备开设孔子学院需要的人员、场所、设置和设备。第四，必须有学费和稳定的经费来源。另外，具备设立孔子学院条件的外国申请机构需要提交五种资料。第一，申请机构的馆长签名的申请书。第二，申请机构的介绍书、登记证明书和目前汉语教育普及现状相关资料。第三，孔子学院的设立需要的教育场所、设施和设备资料。第四，要提交市场需求预测报告书和管理机制及运营计划。第五，经费筹措及管理资料。

其次，为了设立孔子学院，申请机构必须符合四个条件。第一，学校管理者要重视孔子学院，支持孔子学院的相关事业。第二，必须有与孔子学院开设现状及孔子学院发展相关的学科。第三，要制定中国方面的院长和优秀教师派遣政策。第四，与外国申请机构交流合作关系密切，学校国际化水平高。

（四）文化交流运营方针

孔子学院将汉语教学和文化交流有机结合，根据不同国家和地区的需要灵活开设讲座。为在当地发挥综合文化交流平台的作用，有以下五点运营方针：第一，以推广汉语教育和扩大中国文化传播为目的；第二，提供专门的中国教师培养及教育资料；第三，实施汉语考试和教师资格认证；第四，开展中国教育、文化、历史等相关信息咨询；第五，举办国际语言文化交流活动。

据悉，孔子学院是正式的非营利教育机构，但听课费并不是没有的。而且孔子学院的运营过程中，需要很多教师的支持。对外国人来说，汉语是很难学会的外语，设立孔子学院的国家和地区大多缺少汉语教师，并希望得到中国的帮助。为此，中国开始了规模庞大的“汉语国际教师”志愿服务计划。

（五）业务范围

孔子学院是由中国国际中文教育基金会授权，中外合作方共同设立的非营利教育机构，其官方网站将这一机构的宗旨凝练为“促进中文国际传播，加深世界人民对中国语言文化的了解，增进中外教育人文交流”，以语言、文化为重，突出相互理解、相互交流的意愿，表现了新时代孔子学院趋向于平等交流、合作共赢的姿态。孔子学院的业务范围包括：一是开展中文教学和相关研究；二是开展以中文为主要媒介的其他相关学科或领域的教学和研究；三是开展中文教师培养培训；四是开发中文教学资源；五是举办中外语言文化交流活动；六是开展与中国语言文化等相关的考试和认证；七是开展中国教育、文化、经济等领域的研究和咨询服务；八是开展其他符合孔子学院宗旨的活动。

孔子学院作为国际中文教育事业的重要承载者，是中国递向世界的一张名片，是海外民众了解中国、学习汉语的重要窗口和桥梁，在传播中国语言与文化、树立中国良好国际形象、促进中外合作交流等方面有着不可估量的作用。

（六）教育课程

1. 教材

孔子学院的教育课程和教材大致分为汉语口语（初级、中级、高级）、商务汉语、中国文化等。孔子学院的主要教材有《汉语乐园》《快乐汉语》《跟我学汉语》《当代中文》《新实用汉语》《长城汉语》《汉语教学直通车》。孔子学院总部接受世界各级孔子学院必要的教材申请后无偿赠送。希望赠送孔子学院教材的各级孔子学院或教育机构可以通过国家汉办／孔子学院总部的网站进行申请。《长城汉语》是国家汉办重点项目，为孔子学院的主要教材。《长城汉语》是中国国家汉语国际推广领导小组规划、研发、运营的重点项目，是基于网络多媒体技术开发的新型对外汉语教学模式。《长城汉语》是一个完整的对外汉语教学体系，其教学内容涉及综合汉语（主体系列课程）和专项汉语两个领域；其教学阶段划分为入门、初、中、高四个阶段；其课程系列的设置，呈现为核心课程（交际任务）、资源课程（语言要素教学）、辅助课程（技能训练）；其支持服务体系，融学习、管理、测评、资源等系统为一体，可以为学员学习、教师教学、机构管理及汉语教学研究等方面提供全方位的支持与服务。《长城汉语》为外国用户提供汉语、英语、韩语、德语、日语、法语等多国语言。

2. 教师培训

孔子学院为了有效普及汉语，正在致力于培养教师。为提高国际汉语教师的专业性和学习水平，满足世界各地逐年增加的中文学习需求，制订了“中国国家汉办”的教师培养标准。标准规定被派遣到孔子学院的教师必须满足国资委规定的语言知识和能力、文化交流能力、第二语言学习理论和学习战略、教学方法和综合素质等 5 项标准。被派遣到世界各国孔子学院的教师大致分为两种。一是中方合作教育机构的正式教师，二是国家汉办相关教育机构所属的各省、自治区、直辖市等行政单位招收的教师志愿者。他们在国家汉办接受一定时间的研修后，将被派遣到世界各国的孔子学院工作。具体的海外派遣教师的资格如下。

第一，海外派遣教师。派遣到海外的正式教师是指中方合作机构的正式教员中派遣到海外教育机构的教师，任期一般为 2 年。如果相关机构提出要求，将向相关地区中国大使馆申请延长期限。

第二，海外派遣教师志愿者。派遣到海外的教师志愿者是指国家汉办或中方合作教育机构所属的各省、自治区、直辖市招收的海外派遣支援教师，任期一般为 1 年，不得超过 3 年。另外，派遣多名志愿者的选拔派遣机构原则上以 20 名派遣志愿者为单位，单独选拔并派遣 1 名管理教师，管理教师从应聘者中选拔优秀人员担任。派遣到海外的教师志愿者的资格条件和责任在国家规定的《汉语教师志愿者工作管理办法》中有具体明示。教师志愿者制度始于 2003 年国家汉办首次向泰国和菲律宾派遣教师志愿者。此项目经中国教育部批准，由国家汉办于 2004 年 3 月 26 日起开始实施。应聘者通过公开招募选拔，应聘者选拔派遣机构会根据《汉语教师应聘者事业执行协议书》规定的程序选拔应聘者。

3. 汉语水平考试

汉语水平考试（HSK）是全世界汉语能力考试中公信力最高的考试，是为评价学习汉语的人的中文能力而制订的，也是中国政府教育部指定的唯一的国际汉语水平考试。从 1992 年开始实行，重点评价生活、学习、业务等实际生活中的汉语能力。由中国教育部下属的中国国家汉办主办，孔子学院本部制作。HSK 每年定期在中国国内和海外举办，考试成绩达到规定标准后，可取得相应等级的中文水平证明书。中国教育部设立了国家汉语水平考试委员会，全权负责汉语水平考试，并颁发汉语水平证书。以新 HSK 为基准，6 级是最高级别，在韩国和日本等使用汉字的文化圈，从4级开始具有活用度，但为了满足就业等要求，达到5级以上才有优势。

4. 孔子学院网站

为了帮助国际中文教师及中文学习者在图书期间也能正常开展汉语教学，总部牵头建立了“中文联盟”网站通过推出中文在线直播课程、在线中文教学资源等方式，为各国汉语教学提供支持。为了使汉语学习者在特殊时期能够正常上汉语课，“中文联盟”网站也向全世界的汉语学习者提供汉语在线直播课程、在线汉语教育资源等。“中文联盟”网站旨在收集全球频道、课程、技术、产品、服务等，为进行国际汉语教育的学校、机构、教师提供在线授课和辅助服务。该网站有YCT和HSK资格证考试准备、中国传统和现代文化、中国的历史、古典诗、中国遗产和艺术等多方面的课程，学生们可以选择自己喜欢的课程免费听，而且通过短视频可以听到语法表达或中文单词等，因此对于那些缺少时间的学生和上班族来说也是一个便利的选择。网站还设有直播课程，因为是线上直播课程，所以有着教师和学生可以实时沟通的优点。网络学习不受空间和时间的限制，可以反复听课，因此利用网络学习的学习者逐日增加。现在“中文联盟”网站以全世界汉语学习者和汉语教师为对象，上传了有关中国语言及文化的在线课程和各种教育资料，由于以全世界为目标，因此正在构建多语种翻译服务。

二、孔子学院的特点

（一）孔子学院的特殊性

各国政府都重视本国语言、文化走向世界，并将语言、文化传播纳入国家发展战略中，并由外交部或与教育和对外交流有关的政府部门为主导，其宗旨都是在世界范围内扩大自身语言文化的影响力。各主要文化传播机构的名誉校长或主席由国家元首、领导人或拥有较高职位的官员担任，但各语言推广机构仍保持较大的独立性，以保证运营的自主性。

虽然各国的文化传播机构都具有非营利性的特点，以普及本国语言、传播本国文化为主要目标，但承办方式、政府参与程度、资金筹措方式等方面呈现出差异，如德国文化机构由“国家发起、民间组织协办”；西班牙塞万提斯学院主要依靠独立法人运营；英国文化协会虽然在建立之初是慈善机构注册的社会团体，但随着英国语言和文化在世界范围内不断地传播与扩张，英国文化协会与政府的连接更为紧密。在资金筹措方面，德国模式倾向于更加广泛地吸纳社会资本参与，而其他文化传播机构国家政府财政拨款占比较大；英国文化协会则较好地实现了语言、文化的经济化，如通过提供项目管理、英语教学课程、英语考试，进行培训等，其收入能覆盖其总经费的四成左右。孔子学院起步较晚，分布较为广泛，与其他主要文化传播机构相比，在发展速度、筹备及运营等方面呈现出一定的特殊性。

1．发展速度

闪电式增长，越来越多的国家和地区将汉语教育纳入国民教育体系，汉语已是英国和美国教育体系的重要课程之一。此外，截至 2013 年已有 165 所孔子学院所在大学将汉语教学纳入本校学分课程，2015 年增加至 343 所，英国、意大利、泰国等国还设置了汉语专业本科、硕士甚至博士学历教育体系。随着中国经济的发展以及更多的中国公民走出国门，世界的汉语需求迅速提升，孔子学院在全球的建设速度进一步加快。山东大学的宁继鸣教授在 2019 年孔子学院发展报告中提到，“孔子学院在不确定环境下实现了一种‘闪电式扩张’”。从 2004 年第一所孔子学院建立以来，至 2014 年，孔子学院建立十周年之际，孔子学院的数量已经增长至 475 所，2019 年，全球共有 535 所孔子学院。由于孔子学院建立与发展与其他国家的文化传播机构并非处在同一历史时空，因此，孔子学院在数量和所覆盖的国家和地区上都呈现出快速发展的趋势；在快速发展之后，又进入了稳定发展的阶段，不再追求数量上的急剧增加，甚至关闭一些与孔子学院语言、文化传播战略不相符的机构，同时在布局和发展策略上进行调整，让管理更加科学化、功能差异化、发展更适合本地化等。

孔子课堂总数和增长率自 2008 年起超越了孔子学院，在美洲，尤其是在美国，中小学教育中汉语需求逐年扩大，孔子课堂最为密集。2015 年后，孔子学院的发展速度趋缓，转向低速增长的趋势，尤其是随着“一带一路”项目的推进，孔子学院的布局开始向“一带一路”国家倾斜。

2．共建模式筹备及运营

孔子学院的章程规定，孔子学院的建立模式分为由总部直接投资、总部特许经营以及总部与申办方合作三种模式，现实中百分之九十九的孔子学院采取总部与申办方共同合作的模式。符合一定申办条件的海外机构，向国家汉办提出书面申请，表明合作意愿。通过审批之后，由国家汉办选拔国内院校作为合作伙伴，并进行资金、人员、教学资源的支持。这种共建及运营模式可以分别利用国内外办学机构的优势：国外合作机构发挥在当地的社会环境优势、信息优势、法律优势、市场优势等，减轻建立过程中的市场进入阻碍，并为孔子学院的设立提供硬件设施；同时，国内教学机构为孔子学院的发展提供人力资源支持、教学资源支持。相比于直营模式，这种共筹共建模式的本地制度便利以及生源市场能降低直营模式下初始阶段较高的成本投入。因此，在这种共建和运营模式下孔子学院以及孔子课堂能以更高的效率在全球范围内建立，同时孔子学院的建立及运营既有宏观战略方面的指导又能充分利用本土优势，具有充分的自由，并结合社会资源迅速建立根植于社区、大学、教育中心的社会关系网络，更有利于语言、文化以及其他信息的共享和扩散。

塔网式管理：相比之前松散的伞状管理结构，区域孔子学院中心的成立，使孔子学院的管理模式呈现塔网状特征，顶层的塔形结构为孔子学院的发展、管理制定方针并根据现实情况不断调整战略布局；与此同时，各区域中心以及下属孔子学院形成紧密连接的关系网络，彼此之间相互支持，为资源共享、信息的流动提供了便利，基层的孔子学院是各方针和政策的落实者。这种方式不仅加强了孔子学院管理的纵向联系，也加强了各孔子学院之间的横向联结。

平台化功能：孔子学院的章程中规定，提供汉语教学，开展对外语言及文化交流，提供与中国相关的教育、文化咨询等都是孔子学院的基本功能。在核心功能的基础上，孔子学院在跨越文化时空的约束上不断做出努力，成为世界了解当代中国文化、经济、社会、商业、旅游、法律等资讯的重要渠道，并为当地的政府部门、企业、院校、社区提供与语言相关的培训课程。此外，孔子学院还成为中国信息发布和传播的重要平台，并积极发挥自身优势为中外企业合作、中外学术交流、中外高层交流提供平台空间。

多元办学：孔子学院总部鼓励因地制宜的特色办学模式，孔子学院、孔子课堂的特殊性映射出其文化传播的层级优势，紧密的管理方式和广泛的本土参与性构建起了横纵连贯的传播网络。利用这种多层次横纵连贯的文化传播网络，伦敦开办了全球第一所以中医为特色的孔子学院——“伦敦中医孔子学院”，开展汉语教育和中医养生文化推广；非洲第一所孔子学院内罗毕大学孔子学院开创了“汉语＋职业技术”项目，培养懂汉语懂技术的复合人才，满足了“一带一路”建设的实际需求。

（二）孔子学院的局限性

第一，在文化外交方面，孔子学院以中国传统文化为主要内容，采取汉语教育和文化活动同步进行的形式授课。从孔子学院进行的活动来看，比较注重展示中国文化，所涉及的文化内容也以京剧、武术、书法等为主题。例如，举办中国传统节日庆典，举办汉语写作、武术大赛，举办中国书画展等。中国是有着五千多年历史的广阔而深奥文化底蕴的国家之一，以中国传统文化为主要内容的文化活动，可以向其他国家大众展现中国悠久的历史，也可以激发其他国家大众的好奇心。但是京剧、武术、书法等中国传统文化并不是短时间内就能学到的，虽然能引起他国大众的兴趣，但真正掌握则需要大量的时间和精力。从长远来看，孔子学院不仅应注重宣传传统文化，也要探索更多简单有趣并可以发扬光大的中国文化。

第二，孔子学院是非营利机构，存在管理运营上的局限性。孔子学院是非营利机构，不以获利为办学目标，其资金由国办支持。虽然孔子学院每年会获得 5 至 10 万美元的援助，但是由于每年的资金都相差不多所以其组织的活动或者内容没有太多的改变或更新。虽然孔子学院也对当地学员收取听课费，但仅凭较少的听课费，进行多种活动是有限的。例如，韩国的孔子学院需要与私立汉语学院竞争，而这些私立汉语学院为了招揽更多的学员会通过做大量的广告来进行宣传，以至于比起孔子学院这些私立的汉语学院更有知名度。私立汉语学院以营利为目的，因此从市场逻辑来看，与私立语言学院的竞争是不可避免的，且非营利机构很难超过营利机构。因此，对于非营利的孔子学院来说应适当兼顾汉语教育和中国文化交流，而且除了开展大学间的合作交流，还应面向小学、初中、高中以扩大运营范围。

第三，孔子学院正在进行的课程的时数和构成存在问题。孔子学院不像私立学院那样每月坚持上课，而是以学期制授课。因此，大部分课程不是连续性的，而是一次性的课程。另外，中文课的构成应该适当地分配听力、说话、阅读、写作4个领域的授课时间，但仅凭1～2个小时的时间不能均匀地涵盖所有领域。因为每个国家的文化、社会背景都不一样，所以学习汉语的目的和需求也各不相同。因此，即使不能满足每种需求，也有必要建立可以作为模范的教育模式。

三、孔子学院的传播功能分析

从传播主体来说，孔子学院包含了个人、组织、国家三个层面，它在文化传播过程中包含多重形式的互动：志愿者教师在语言教学、文化活动以及日常交流中自发进行的个体之间的文化互动；作为文化传播者的非营利性组织，遵循一定的制度安排，进行组织之间、组织与环境之间的文化信息交换；同时孔子学院还作为国家对外文化传播的驿站，配合国家的对外文化传播政策，进行国家文化、经济信息的披露、咨询和报道等。从传播内容来看，孔子学院传递了多维度的文化信息：语言信息、大众文化信息、传统文化信息、国家政策和经济制度信息。除了与本地大学、中小学、社区建立丰富的社会关系网络之外，孔子学院还通过建立门户网站，开通微博、微信公众号等发布并及时更新文化讯息。

（一）国家层面的文化传播功能

国家层面的文化传播主体是国家以及国家相关机构，传播形式较为正式，所传播的内容多为官方的政策信息。孔子学院是国家汉办支持下成立的非营利性汉语教学机构，是在中国政府和各孔子学院所在国的政府、教育机构协助下共建的语言教学中心以及文化交流中心。孔子学院是中国的文化名片，国家层面的文化传播功能是孔子学院文化传播功能中最顶层的功能设计。

在孔子学院的国家层面的文化传播功能中，主要传递了中国教学体系、汉语教学政策、中国文化历史风貌及当代特点、中国外交政策等，并通过高层互访、领导人出席、教育交流、商业访问等方式实现，传递并维护了良好的国家形象。一方面，中国和孔子学院所在国领导人出席孔子学院的建立、揭牌、周年庆典活动，是国家友好交往的象征；另一方面，两国政府官员、学者专家、政治家、文化名人通过孔子学院这一平台进行全方位、多层次、多领域的合作交流，有利于和平外交的开展，以及维持及推进两国的友好关系。此外，孔子学院还成为各国外交官学习汉语、学习中国文化的重要机构，从而增近了文化间的理解，减少了语言和文化方面的阻碍。2010 年孔子学院成功举办了两期驻华外交使节汉语学习培训班，一共为 29 个国家驻华使馆的 72 位外交官提供了不同层次的汉语教学活动 27 次，共计 60 课时，与此同时还提供了长达 1074 课时的课外语言、文化等辅导，受到广泛欢迎和好评。2014 年中高层管理者来华研修班举办，开启“中欧高级别人文交流对话机制”，帮助欧盟官员等研修成员深度了解了当代中国社会。

2000 年，中非两国在新形势下为加强两国之间的友好合作，共同迎接全球经济一体化的挑战，在双方共同倡议下，成立中非合作论坛，取得了圆满成功。2004 年，首家孔子学院在韩国首尔成立，这是中外合作创办的非营利性的教学机构，旨在满足世界各国人民学习汉语的需求，促进世界各国人民对中国传统文化内涵及实质的理解，加强中国同世界各国的双向交流与合作，积极发展与他国的友好关系。截至 2020 年，我国已在 162 个国家和地区开设了 550 所孔子学院，1172 个孔子课堂。孔子学院自创办以来，已成为中华文化“走出去”的重要载体，通过开展丰富的教学活动，让更多外国人了解并热爱中国优秀传统文化。近年来，西方国家以干涉学术自由、进行文化侵略、输出意识形态，甚至从事间谍活动为由关停孔子学院。究其缘由，是西方国家对中国的认知发生了变化。以 2013 年关停的第一家孔子学院为界，西方民众对中国的负面评价直线升高。由于合作办学模式所引起的文化侵略、干涉学术自由等争议的增多，孔子学院在组织架构层面逐渐脱离外方高校，开始独立运作。此外，北京语言大学孙德金教授曾建议，高校应当承担起建设孔子学院的重任，将教材、教师培训等业务交付给非官方机构，淡化官方色彩，同时充分发挥科研的优势，在汉语国际推广事业中发挥最核心的作用。除了组织架构层面的调整，工作重心也应做出适当调整。事实证明，学习汉语并不能消除国与国之间的严重分歧，中华文化要想深入人心，赢得广泛共鸣，不能仅仅通过汉语教学，更应将孔子学院作为促进中外文化交流和文明对话的重要平台。孔子学院应当根据国内外市场需求，及时调整教学和市场开拓计划。应以孔子学院搭建文化交流之桥。孔子学院的设立本质上是构建文化交流基地，其目的是增进中华文化与世界多元文化的交流互鉴，而非文化价值理念的输出。交流应是平等的、双向的、多样化的，而不应是强制的、封闭的、单一的，强行推广中华文化容易引发冲突和争议，而交流则是自愿的，有利于增进彼此之间的了解。

（二）组织层面的文化传播功能

组织是个互动系统、信息系统、谈话系统同时也是个符号系统、象征系统、媒介系统。组织是人类群体中信息传播的复杂模式，是由人组成的连续性体系。为达到一定目标或宗旨，组织各部分共同协作，进行能量和信息的交换，通过组织传播，组织的各部分得以联结成一个有机的整体、保障组织的目标得以实现、组织能够生存及发展，具体通过内部协调、指挥管理达成共识。

结构、关系以及象征互动过程是组织传播的三个核心方面；包括正式渠道和非正式渠道，正式渠道的传播包括纵向传播（自上而下以及自下而上的传播）、横向传播；非正式传播是制度性组织关系以外的信息传播渠道，包括小群体传播，其特征是交流的信息广泛而自由，具有双向性和平等性。在组织传播的框架下，孔子学院正式及非正式传播渠道围绕关系维持和信息传递进行一系列互动过程，包括了组织内部人员的信息互动，组织层级之间的自上而下以及自下而上的信息传递过程，组织与组织之间、组织与环境之间的横向传播过程，以及孔子学院利用媒介与系统和环境之间进行的符号和意义的互动等过程。孔子学院组织层面的文化传播与互动体现在：一是孔子学院的组织模式从创立之初的松散伞状模式转变为塔网式，以塔顶为决策层，区域孔子学院中心为联络点，加强各孔子学院之间的网状联系，提高信息和资源纵向、横向流动的效率，使得各组织之间的协作更加有效。二是孔子学院内部采取中方和外方共同管理的模式，中方提供教学资源、教师、志愿者和必要的资金支持；外方保持同等比例的支出，并选派外方院长、聘用管理人员。中方和外方在孔子学院的总体规划、战略和发展目标下，协同管理以保持组织内部高校合作。三是孔子学院内部除正式的制度之外，围绕学习、文化传播等共同目标而建立起的非正式共同体，也是组织传播的重要组成部分，该共同体有助于信息平等、迅速、灵活地流动，进而促成一致性目标达成。四是孔子学院依托本土教学机构和社区的办学模式，拥有本土制度资源优势，有助于克服外国办学制度差异、法律差异等方面遇到的阻碍，保障组织目标的达成；与此同时，这种组织模式更有利于构建根植于社区的非正式的社会网络，形成孔子学院组织与本土社区组织之间的协作，实现关系的象征性互动。五是这些不同层级的组织又与所处的文化环境之间进行信息、能量的传递与交换，动态调整发展战略和目标并协调人员以达成组织传播的目的。

（三）个体层面的文化传播功能

除了国家层面和组织层面的文化传播功能之外，孔子学院的文化传播功能还体现在微观层面，即个体层面。这包括：一是孔子学院内部各类汉语教学活动、文化体验活动中孔子学院工作人员、志愿者教师、管理者与学生、参与者之间的有意识或无意识的信息交流及互动关系的建立；二是各孔子学院内部中方英方院长、汉语教师志愿者与其他工作人员之间的跨文化交流信息的传递；三是孔子学院活动的举办者、参与者与当地社区人员、所在学校教职工之间互动关系的建立以及信息、符号的传递；四是其他基于以上活动的个体与个体之间的二次文化传播过程，如孔子学院及孔子课堂的参与者向自己的朋友、家人、同事讲述与中国相关的文化信息，或通过社交网络平台发布与中国相关的文化内容等。

汉语教学、举办文化活动是孔子学院的两大核心功能，教师以及学生之间的个体层面的文化传播是个体层面文化传播的主要内容，并最具有影响力。此外，孔子学院及课堂的参与者围绕教学、学院管理与当地社区、大学等从关系构建和信息交换两个层面展开沟通协作，这些信息传递过程也是关系网络构建的过程，也能打破物理空间的限制传递出更多的信息。基于直接参与者的二次文化传播活动，通过个体自发的行为，将信息传递给更广泛的受众。可见，个体层面的文化传播是最直接最有效的信息传递方式，能传递更多、更为真实的信息；且个体层面的文化传播具有即时性、广泛性、灵活性等特点。

四、孔子学院的角色

《孔子学院章程》明确规定，孔子学院是非营利性的教育机构，致力于适应世界各国（地区）人民对汉语学习的需要，增进世界各国（地区）人民对中国语言文化的了解，加强中国与世界各国的文化交流合作，发展中国与外国的友好关系，促进世界多元文化的发展，构建和谐世界。作为一个组织机构，孔子学院主要承担推广汉语和传播中国文化的职能。而汉语是中国文化的一部分，孔子学院开展汉语教学，其实质就是在传播中国文化。因此，从文化传播系统模式理论的视角来审视孔子学院的角色，我们很容易得出结论：孔子学院是文化传播者。

（一）孔子学院是中国传统文化的传播者

1. 孔子学院是文化传播者

传播者是文化传播过程的第一个环节，他具有控制信息数量和流向并对信息进行“把关”的职能。孔子学院是文化传播的组织机构，扮演着文化传播者的角色，承担着文化传播的重任。汉语教师在文化传播中发挥作用，归根结底都是由孔子学院组织领导的。作为一个组织，它们要有足够的文化魅力，它们要面对所在地区的文化环境，要为各种有着独特的文化背景的人们打造一套真正适合他们的文化传播策略，并在文化传播的各项工作中做出适时的调整。

作为一个组织的各地的孔子学院，相比汉语教师自身，其在文化传播方面有更严格的要求。在这一组织的内部，一方面要建设、培养一支优秀的文化传播队伍，使汉语教师不仅能够以个人的身份传播中国文化，而且能够以组织成员的身份参与到孔子学院自身文化建设和学院组织的文化传播活动中去。另一方面，要进行物质文化、制度文化等各方面的建设，如开发汉语文化教材，进行文化基础设施和制度建设，加强与受传地的文化沟通，规划长远的文化发展目标等。正如任何一所大学都有自己独特的校园文化一样，孔子学院同样也有其独特的组织文化。“花开”全球的孔子学院，一方面承载着整个组织体系文化的统一性，另一方面也具有适应各地文化传播特点的文化的特殊性。这种文化的统一性，是中华文化的精髓和根本精神，而各地孔子学院组织文化的特殊性，反映的则是中华文化表现形式的多样性和对不同文化土壤的适应性。

2. 汉语教师是走向海外的文化大使

孔子学院作为一个传播文化的组织，其具体运作离不开“人”的参与，而这里的“人”主要是指汉语教师。汉语教师是走向海外的文化大使。他们要承担一定的文化课教学，要开展一系列的文化体验活动，但他们绝不是文化的搬运工。他们本身就是一种文化现象、一个文化的宝藏，或者更进一步说，是一种文化。他们虽远离祖国，身处异乡，但他们身上永远散发着中华文化的魅力，充满了中国文明的气息。且不论中华文明如何璀璨夺目，单是他们身上所散发出来的那种文化气息、透露出来的文化涵养，就能使世人向着中国文化聚来。

孔子学院要完成中华文化传播的历史使命，仅靠汉语教师个人的力量是远远不够的，必须构建一支文化资历深厚、文化结构全面的汉语教师队伍，并充分调动整支队伍的积极性，团结合作，共同奋斗。各个领域的著名专家学者都可以以灵活的形式加入孔子学院的教师队伍中来，这样既可以增强中国文化的权威性与可信性，又可以增强孔子学院的组织力量。

（二）孔子学院是特殊的文化传播者

目前，国内外传播中国文化的组织、机构众多，孔子学院之所以能为全球所瞩目，自然有其独特的魅力。它能在多元文化冲击碰撞的洪流中力挽狂澜，能在世界文化发展的舞台上独树一帜，与其文化传播的目的和内容是分不开的。

1. 传播的目的是构建和谐世界

国外专门从事语言推广和文化传播活动的组织有很多，如歌德学院、塞万提斯学院等。这些机构大都是本国政府派出的官方机构，部分或完全接受政府的资助和指导，而孔子学院是中国与国外有关教育机构进行合作的民间的教学和文化传播机构。从性质上可以看出，孔子学院与政治无关，不受政治的控制，其文化传播活动自然也不是服务于某些政治目的。孔子学院之所以能“花开”全球，不仅是由于中华文化的巨大魅力，更源自全世界人们构建和谐世界的共同美好愿望。

当前没有任何一个组织像孔子学院一样，把人类构建和谐世界的共同愿望作为活动的终极目的，也没有任何一个组织像孔子学院一样，不附加任何政治、经济条件地致力于人类的文化事业。孔子学院秉承孔子“有教无类”的教育理念，效仿孔子创办“私学”的做法，将全人类作为教学的对象，将教学的场所设在民间。来到孔子学院的每个人都抱着一种美好的愿望，自发自愿地接受儒家文化的熏陶。孔子学院的教育，不是服务中国或者某个国家政治的教育，它只服务于人与自然的和谐、人与人的和谐以及人自身的和谐。在这里，教育是本体论上的教育，教育是返璞归真的教育。当前的国际形势错综复杂，构建和谐的世界，仍然还只是一个美好的愿望。然而，只要人们为此多做一点努力，就会向这个愿望的实现多迈进一步。孔子学院从设立之初，就在文化教育的领域向着构建和谐世界的目标迈进。在这个目标实现的过程中，孔子学院会面临各种各样的问题，遇到各种各样的困难，但只要始终坚持这一信念，不懈努力，一切困难都会迎刃而解，因为为了构建和谐世界，不仅是孔子学院在努力奋斗，它的背后还有怀揣着虔诚之心和美好愿望的全球人民。

2. 传播的内容是中国传统文化

一些文化传媒、文化企业等都在以各种形式进行着对中国文化的传播，他们或传播中国政治、经济、文化方面当前的热点问题，或传播某些娱乐明星的花边新闻，可以说信息林林总总，优劣并存。有的对背离中国文化精神的丑陋的文化现象大肆宣扬，有的对别具特色的新生文化吹毛求疵，有的对中国文化进行背离实际的神化的杜撰，有的对中国文化的精髓进行不假思索的批判……而孔子学院是在对中国文化进行优中选优、细致筛选的基础上，对其精髓进行系统的整合，将这些原汁原味的中国文化的精髓直接传达给世界人民。

谈及中国文化，很多人总会把民族文化和传统文化混淆。民族文化是指所有体现民族特色的文化，这一文化不分先进与落后，不分积极与消极，只要是民族的就统统可以放进民族文化的筐里。传统文化则不同，它既是民族的又是时代的。它是一个民族经过长期的历史发展而积淀下来的，既能反映民族特色，又能紧跟时代潮流并且不失历史深蕴的文化。因此，孔子学院要传播的内容自然是中国传统文化。当然文中所提及的中国文化，也自然是中国传统文化。中国传统文化以儒家的“和合”精神为核心，倡导人与人、国与国之间的包容与和谐相处，这是人类的“普世价值”和共同的道德准则。这样一种经过中华民族五千年的历史所证明了的价值取向，应该成为全人类的共同追求。然而，越是精髓的渗透于灵魂的东西，越是难以通过语言来传达。所以，需要依托一些现实的支撑，也就是思想的载体。

从文化类型上看，中国历史、文学、民俗、中医、武术、艺术等都是孔子学院的传播内容。它们从属于不同的文化领域，但是它们统统皈依于儒学。中国文明是人类历史上唯一一个没有中断过的文明形态，文明历程上的许多物质载体已成为历史的见证。在汉语教学中加入中国历史，尤其是通过实物进行传播，能够提升传播的效果。中国民俗是吸引其他国家受众的重要内容，教学过程中可以通过包饺子、猜灯谜、看皮影等形式传播中国的民俗文化。中医、武术不仅为外国人所青睐，而且已经成为好莱坞展现中国形象的重要元素，这些中国传统文化可以通过教师与学生面对面的互动进行传播，也可以通过开展集体活动以组织形式传播，还可以借助影音资料等大众媒体进行传播。

中国传统文化是中华民族特有的文化，它的民族性不容改变。但是，当它深入异地，与当地的本土文化相接触，必然会产生文化冲突。固执己见、墨守成规不是明智之举，自由放任、任人摆布也不是可用良策，但如果能够跳出狭隘的民族主义的思维框架，放眼世界，或许会柳暗花明。中国传统文化是包容的文化，更是“和合”的文化，在本质上就是指向于和谐世界构建的。在文化传播的过程中，如能采取一种谦逊的“文化适应”策略，中华民族的文明之花必会越过重重阻隔，将芬芳沁入世界人民的心底。

五、学院式传播中国传统文化的启示

（一）注重文化传承，延续学院精神

历史上的学院作为一种特殊的教育组织，不仅是学校教育缺失的重要补充，更是社会主流价值和文化传承的重要渠道和载体，为社会教化和人才培育做出了巨大贡献。今天的学院虽然已经处于教育体制之外，却成为一种活态化的文化形态融入了现代人的生活，不仅仅具有传承传统文化的重要功能，也成为传统学术交流的实践空间。作为体验传统文化的基地和传承传统文化的空间，只有让学子的琅琅读书声和触手可及的礼仪文明相结合，最大还原传统学院的环境和氛围，才能够激活学院的灵魂，让其成为当地社会乃至全国的传统文化高地，实现学院精神的传递。要让过去的讲堂成为传统文化传播、传承的具有价值的空间。社会教化功能是学院早期作为民间教育机构拥有的主要功能，在后来的发展中主要演变为传递良好的社会风气，移风易俗、教化乡里。在历代统治者推行社会教化的过程中，学校作为组织性较强和制度化程度较高的教育机构受到统治者的青睐，成为最重要、最得力的机构。而学院作为重要的教育机构，起到培养人才、振兴地方的作用，学院具有自身独特的精神文化，包括办学宗旨和教育理念。简而言之，学院的精神就是追求知识和价值关怀的统一。传统学院发展至今虽然大多数已经消亡，但是学院的精神仍然通过种种渠道流传至今，现代学院的建立不应仅仅是形式上的还原和复兴，对于学院的精神的传承才是重中之重。

（二）挖掘文化资源，开发学院文化产业

学院是一种文化与自然完美结合的文化组织，它不仅具有丰富的文化内涵，还具有独特的旅游价值。通过发掘学院的旅游资源不仅可以为学院带来经济效益，

完善学院的基础设施，同时也可以吸引更多的人关注，从而增强学院的影响力。在对学院的众多研究中，可以发现学院的发展与当地的政治、经济和文化密切相关并彼此影响。因为学院在规模扩张的过程中会逐渐吸纳和包容当地的社会文化，因而使得本土学院会出现与其他地域学院不同的文化特征。地处不同地域的学院在吸收容纳当地文化之后会产生其不同的文化特征，如岳麓学院作为湖湘文化的重要基地，便具有两大特征：一是强调心性修养，读圣贤书；二是重视经世致用的豪杰精神，这也正是湖湘文化的文化特征。16 世纪初，学院制度传到朝鲜半岛，在李氏朝鲜时发展兴盛，并结合朝鲜文化呈现出区别于中国的文化特色。将学院文化的地域特性与旅游相结合，既能增强学院对本土游客的号召力，也能提升对外地游客的吸引力。如果仅仅依靠旅游发展，不可能取得学院自身文化推广和传统文化传播的突破性进展，同时也不能兼顾学院的传统教化功能。因此，想要让学院更好地实现对传统学院精神的继承和对传统文化的传播，就需要依靠商业化的手段对学院的传统文化进行重新定义和形象构建，从抽象的概念转变为具体形象。可以借鉴故宫的文化产业模式，为学院定义一种形象化的外形，以此取得更好的发展。

（三）创新传播模式，加强学院宣传

从传统学院的文化传播途径来看，传统媒体是主要途径之一，但是对于现下备受关注的电视综艺节目、网络视频等影视传播渠道，仍然涉足极少。学院拥有深厚的文化底蕴，有精彩的故事，有吸引人的文化背景，可以加以开发，如利用多媒体视频化传播，还原学院日常，再现学院的活动。如 2019 年 9 月 28 日，中国孔子基金会发起并组织了“2019 全球祭孔网络直播活动”，活动由海内外六十多家文庙、孔子学堂和儒学机构共同参与。长达三小时的直播活动，由中国孔子网融媒体中心联合多家主流媒体进行多渠道、多平台的集群式同步直播，直播中既详细记录了祭孔活动的诸多细节，又体现了祭祀文化的深厚内涵。同时直播增设的“祭孔我参与”“万人诵论语，助力全球祭孔”“《论语》百姓说”等环节让受众感受到了中国传统文化的源远流长和博大精深。这是一次真正的全民参与性活动，在社会上引起了强烈反响，彰显了传统文化的魅力。这种形式寓教于乐，深度发掘学院文化的内涵，在受众脑海中勾勒出了传统学

院的琅琅书声、思想的交锋等场景，以一种具备时代性的传播方式弘扬了学院和传统文化。

在创新学院传播模式的同时，还应该加强对学院本身的宣传。首先需要借助现代新闻媒介，依托传统主流媒体和网络媒体加大对学院的宣传力度，让受众有更多的渠道接触学院的相关文化，从而了解到学院和学院所传播的传统文化。其次，应该加强与当地其他教育机构的合作，通过与学校间的交流，组织学生前往学院参观，让其亲身感受学院传播的传统文化。最后，应该依据自身的特色，用人们喜闻乐见的形式定期开办文化活动，扩大学院的影响力。

（四）提高汉语教师的综合素质和能力

一名合格的国际汉语教师，除了要具备最基本的职业素养，能够进行教学组织和课堂管理，运用平时所积累的汉语基础和汉语国际教育基础知识向学生教授汉语外，还必须了解中国文化基本知识和中国基本国情以及具备跨文化交际意识和跨文化交际能力，这是对于一名文化活动传播者的基本要求。

第一，教师应该熟练掌握一门或多门中华才艺。对未来的志愿者教师的要求可以适当注重才艺的掌握情况，优先考虑熟练掌握一门或多门中华才艺的教师。除此之外教师还需要有意识地将中华才艺与文化传播和汉语教学相结合，这样不仅丰富了教学形式，还能提升传播对象的汉语水平。

第二，要注重对语言交际与非语言交际的使用，在文化活动中提高自身的跨文化交际意识。在策划一场文化活动前，教师需要考虑在活动前期、中期和后期可能会出现的问题，如在访谈调查中提到的学生迟到的现象，既然了解了学生的时间观念和中国有所不同，就要对文化活动的策划做出改变，调整活动开始的时间，如某个文化活动原本计划下午 3 点进行，那么教师可以适当地将时间调整至 2 点 30 分，提前半小时，这样学生大概率会按照原来计划的时间到达，对教师和学生都方便。再比如教师在对学生的沟通方式和习惯进行了解后，就需要对文化活动的宣传方式做出调整，正式的文化活动都以邮件的形式告知学生，以口头传达为辅，认真对待学生的邮件信息，做到不遗漏、不忽略。除此之外，在文化活动过程中，还有很多其他的语言和非语言交际，这都需要平常教师对学生的文化背景、风俗习惯、交际风格和类型进行积累和掌握，合理安排文化活动，避免造成不必要的误会。因此，教师作为文化活动传播者之一，不但要“备好内容，也要备好学生”。

第三，适当地将文化活动的传播受众转变为文化活动的传播者。要求学生在平时的汉语学习中也要注重积累相关知识，这对学院开展文化活动能起到推动和促进作用。笔者对学院开展的文化活动进行综述时发现，当一个文化活动的传播者不仅有教师，还有学院的学生时，该文化活动的传播效果往往都比仅以学院教师为文化传播者的传播效果好。这也说明学院在开展文化活动时，不应该局限于学院教师，更应该让汉语学习者成为传播者的主体，这就需要学院教师平时注重对学生进行中国文化方面知识的练习和培训，让学生在日积月累中，逐渐掌握更多的中国文化知识。

第三节　虚拟式传播

一、虚拟式传播的概况

虚拟，原意是指不符合或不一定符合事实的虚拟的情况，凭想象编造的事物，由高新技术实现的仿实物或伪实物的技术。用在传统文化的民间传播中，虚拟式传播中的虚拟，并非汉语词义上的不存在的或虚构的意思，而是一个相对概念。

虚拟式传播，没有既定的传播路径，也没有特定的指向受众，在整个传播过程中，与传统文化相关的所有因子都被充分调用。

房子的布局装饰，街道两侧的宣传画，微信平台发布的文章、音乐、视频都属于虚拟式传播，而在传统文化的传播中，虚拟式传播则是将传统文化的内容融于这些载体，进而产生“培养”效果。任何一个传播过程都是一个复杂的系统，不可能只存在一种传播模式，虚拟式传播在论坛式与学院式传播中也都存在，论坛式传播中会场的布置以及学院式教学中的课堂环境与校园氛围都是虚拟式的传播。

二、虚拟式传播模式的分析

（一）虚拟式传播的基本模式

信息时代，信息成为与能源同等重要甚至比之更为重要的资源，然而对信息解读运用不当对社会和民众心理造成的负面影响不可低估。信息的过度泛滥也会产生负面效应。在物质充裕、经济迅速发展的现代社会，公众更需要的是一种心智的品质，这种品质可帮助他们利用信息增进理性，从而使他们能看清世事，而不至于陷入信息的洪流之中不能自拔。

正是因为身处于各类信息泛滥的洪流之中，人们与社会现实的经验性接触越来越少，最终导致这种心智品质蜕化。相比传播者的主观倾向完全主导了传播内容的产业化的信息，现代人需要的是解读信息的过程，即通过内省式思考将零碎的符号内化为内心真正需要的信息。

虚拟式传播模式，作为传播中心的是受众，而不是传播者，这一传播模式是受众中心模式，无论是对信息的解读或信息的二次传播都取决于受众解读信息的心智品质，这是一种完全信赖受众的传播方式。例如，传播者通过营造的传播／就餐环境，将传播文化的原始符号——孔夫子画像、传统文化标语、中华饮食礼仪、传统音乐呈现在受众／就餐者所处的环境之中，没有说教也没有信息灌输，受传者／就餐人员自己感受，并且可以相互交流，以获取各自经过感觉、直觉、判断推理而得出的信息。

（二）虚拟式传播的特征

1. 虚拟式传播具有渗透性

根据虚拟式传播的概念，能够明显地看出虚拟式传播是一种内虚拟式的传播手段，这种内虚拟式不光体现在传播方式上，同样也体现在传播的内容上。在虚拟式传播的过程中，受众往往不能直接性地察觉到传播的内容，更多的是在传播的过程中潜移默化地获得传播信息和内容，这种传播方式是内隐的。除此之外，一般而言，虚拟式传播的内容要素所代表的文化、价值观念在传播的过程中会慢慢渗透进受众内心和思想中，受众在整个过程中会不自觉地、无意识地接受相应的信息。这样的传播方式会让受众潜移默化地接受信息，大大增强了传播的有效性。同样，在文化传播中使用虚拟式传播，能够让受众在生活、学习、工作中自觉地接受文化内容，并将文化内容中所呈现的深层次的民族精神和价值观渗透进思想和内心中。这样在一定程度上就推动了中国文化的有效传播。

2. 虚拟式传播具有双向性和参与性

简单的传播一般来说是将信息进行传递，是一种单向性的传播过程，但虚拟式传播就并非如此。虚拟式传播不光有传播者的单向传播，同时还有受传者的主动参与，这也就更加体现了传播者和受众之间的双向性。在传播的过程中，虚拟式传播会更加注重受众的主动接受能力和接受效果，它会更加尊重受众的实际需求，采用柔和以及恰当的方式去让受众主动参与到整个传播的过程中。受众在虚拟式传播的过程中会主动地去接受思想和信息。因此，虚拟式传播在传播的过程中，会使传播者与受众产生互动性，同时，使双方更具有参与性。在文化传播的过程中，这样的双互性以及参与性，能让受众充分发挥自己的主动性，主动地去体悟文化，去激发自身接受不同文化的热情和积极性，最终推动文化的传播。

3. 虚拟式传播具有非功利性和生活性

从传播的具体形式来看，虚拟式传播相比较于显性传播来说，不会明显地彰显出传播的目的性。传播的内容往往会隐含在传播的载体之中，不会直接凸显出传播性，同样也不会凸显出功利性。一些显性传播通常会让接受者感到不适，认为这是一种任务，带有强迫性。这样的显性传播在一定程度上会直接凸显出传播的目的性，对一些受众来说，会产生一定的排斥感和压迫感。除此之外，从目的上看，虚拟式传播的目的大都带有生活性，传播不是为了给政治服务的，而是为了不同客体之间的相互交流，这样对于受众者来说会更加容易接受。通过虚拟式传播的方式传播文化，会使文化受众更加主动积极地去接受，不会产生压抑感和任务感，因此在一定程度上更有利于提高文化传播的有效性和成功性。

4. 虚拟式传播主体的虚拟性

传播主体的虚拟性。在虚拟式传播的过程中，表面上看不到传播主体的存在，而是所有文化符号集合构成传播主体与传播内容，在整个传播过程中受众处于主动地位，传播者是隐藏在幕后的，即传播主体具有虚拟性。自从人类进入大众传播时代以来，尤其是新媒体时代，信息传递更具便捷性，似乎受众对传递信息的选择性变得毫无规律，这一方面是由于网络信息时代对国民人格的影响——个人主义的过度张扬、权力意识的苏醒、双重人格的显现以及公众中普遍存在的情感麻木下的精神亢奋，另一方面，受众媒介素养的提高以及分众化媒体的发展，使得他们有了选择媒体的自主权，有时候越是个人倾向明显或带有价值观评判色彩的内容，受众越会有逆反心理。他们不愿意成为信息的负累者，不愿意为媒体传递的信息所掌控。

但虚拟式传播的实际传播主体变成了将抽象的传统文化具象化的符号，它们不会说话、不会说教，不会成为受众抵触的对象，反而受众会想要去亲近和了解，这也是虚拟式传播的优点。但虚拟的传播主体也存在弊端，首先是传播主体对于传播内容的约束性，其次是对于传播对象的把控性，这两点会导致一部分传播对象流失。

三、虚拟式传播中国传统文化的启示

（一）重视虚拟式传播策略

所谓虚拟式传播策略，就是将中国传统文化的内涵及其核心的视觉性、文化性特征巧妙地融入各类载体中，并与其融为一体，真正做到在宣传到位的同时，让受众感觉不到。虚拟式传播策略首先要注重传播环境的设定。因为，环境的好坏将直接影响人们的心理活动、语言以及日常的行为习惯，在进行传统文化传播话语转换的过程中要努力通过外部环境中虚拟的教育因素对传播客体的思维方式发挥引导作用，进而实现传统文化的虚拟式传播。这尤其需要着力优化整个社会的传播环境，尤其是基层环境及学校环境。

传统文化虚拟式策略的本质是文化浸染作用。文化作为一种精神力量，能够在人们认识和改造世界的过程中转化为巨大的物质力量，对人与社会的发展产生重要影响。家庭是人类文化世代传承的重要载体。因此要在家庭中传播和践行传统文化，培育每个家庭成员特别是青少年的爱国意识，社会责任感。等要将传统文化的相关内容融入人民群众喜闻乐见的影视剧、新闻等作品中，使观众、读者在接受艺术作品的同时，无形地学习有关传统文化的内容，继而达到有效的传播效果。要通过组织各类团体活动传播传统文化。组织各种重要的活动，能够使成员对其从命令式的、被动式地接受，转化为积极地、主动地学习，有助于加深并拓展其传播的深度和广度。

（二）做实虚拟式传播方式

运用组织传播、大众传播方式如新闻发布会、电视新闻等传播传统文化，是开宗明义、直截了当的，当然这种方式是主要的、第一位的，但仅依靠这种显性的、直白展示的方式讲述效果会大打折扣。从人类的发展历史来看，依托文化、艺术讲故事，是受全世界人民欢迎、喜爱的故事讲述方式，当然也是一个传播传统文化的好方式。看电影、电视，听音乐，读小说、诗歌等，几乎可以说它们自兴起之日起就受到了受众的喜爱并长盛不衰，这种虚拟的、润物无声的方式内蕴着一个国家、一个民族的价值观念、文化内涵，更能打动人、吸引人、感染人。

1. 发展文化产业，打造更多具有文化内涵的文艺精品

影视作品与文学等皆为文化产业的重要组成部分，在现阶段仍可以说是其核心的组成部分，一方面有着经济的属性，运作得好可以带来可观的经济效益，因此可以将它看作一个产业，另一方面，它又是精神产品，承载着一个国家、一个民族的精神追求与文化理念。改革开放以来，政府也非常重视电影、电视、文学、艺术等文化产业的发展，但在这一过程中，我们将它的经济属性放大了，而忽视了它的精神属性，产出了一些忽视社会效益的文学、影视作品，这些作品产生了一定的副作用。优秀的作品往往是艺术性和思想性的统一体，那种反映现实中国、体现中国文化精髓、充满道德力量的作品，向世界展示了中华文化的独特魅力，在世界范围内产生了持续深入的影响。在影视作品上，一大批影视作品、电视节目传播到世界不同国家，产生了较大影响，如刘慈欣的《流浪地球》，故事中包含的集体主义、家国情怀就是中华文化最核心的要素，赢得了世界人民的共鸣。此外，还有很多的电视剧如《媳妇的美好时代》《都挺好》《琅琊榜》等在东南亚、非洲国家大受欢迎，还有电视台文化类、综艺类节目，如《舌尖上的中国》等，其在东南亚国家、非洲大陆都有着广大的市场。看电影、看电视、读小说的过程就是潜移默化了解、认知中国与中国文化的过程。可见，文艺是最好的文化传播交流方式。因此，提升文化产业的竞争力，提高中国文化产业的规模化、专业化水平至关重要，应该大力鼓励、支持文化产业做大做强，为中国文化走出去提供强劲动力。

2．创新文化业态，丰富传播传统文化的现代传播方式

随着互联网技术、移动互联网技术的普及与推广，新兴的文化业态不断涌现，对传统的文化形式产生了较大的冲击。与传统的文化业态相比，新兴文化业态，具有即时性、互动性等特点，对年轻人具有更大的吸引力。这些既是娱乐的方式，也是文化传播的重要形式。中国的游戏、微视频、网络小说等文化新业态具有强大的号召力，尤其是中国的网络小说，更是声名在外。据中国作协网络文学中心发布的《2019 中国网络小说蓝皮书》报道，中国网络小说成为中华文化海外传播的新亮点，阅文、中文在线等几家主要文学网站，对外授权作品已有 3000 多部，上线翻译作品近千部，网站订阅和阅读 APP 用户上亿人，覆盖世界大部分国家和地区。网络文化的大众化特点以及互联网时代赋予网络文学的先进性、便捷性，使得带有中国价值、中国精神的作品走出国门，推动传统文化进入海外读者的日常生活，调适着、更新着不同国家的年轻人对中国、中国文化的认知与理解。年轻人是思维活跃、接受能力较强的群体，只要找准他们的思想脉动，对他们进行虚拟式传播传统文化就能起到事半功倍的效果，而新兴文化业态就是可以利用的有效的方式。因此，政府和社会对此应该有所关注、有所作为，推动更多的新型文化业态走出国门，助力传统文化有效地、广泛地传播。

第五章 新媒体视域下中国传统文化对外传播的策略探讨

新媒体技术的迅速发展，让媒介传播的方式和形态得到改变，突破了传统媒体对于信息传播的限制和影响，使得传播人员和接受信息者之间的关系得到改善。信息传播途径越来越多元化，在这种新兴媒体广泛发展的环境下，中国传统文化的对外传播得到了极大的帮助，为中国传统文化传播提供了全新的平台。我们要高度重视，多管齐下，做好顶层设计，官民结合，增强我国文化的吸引力，利用好互联网、大数据、人工智能及各种新媒体，进一步优化传统文化对外传播的策略手段，全面、系统、深入推动新时代中国传统文化对外传播。本章分为挖掘中华优秀传统文化、弘扬中华优秀传统文化、传播中华优秀传统文化、传承中华优秀传统文化四部分。

第一节 国家层面：挖掘中华优秀传统文化

一、坚持党的领导，科学有效开发

在新媒体视域下，中华优秀传统文化的对外传播，必须坚持党的正确领导。党对于文化领域的领导，是坚定的，是一贯重视的。从“百花齐发、百家争鸣”到“创造性转化，创新性发展”，对于文化的重视，始终都是处于战略高度。进入新时代，中华优秀传统文化要实现现代化对外传播，最为首要的是要解决科学有效开发问题。而科学有效开发的关键在于党的正确领导，领导中华优秀传统文化实现复兴，走向强盛。

首先，要紧紧跟党走，这是实现现代化强国与民族复兴的根本性保障。要充分发挥党在教育发展建设中的领导、监督与导向作用，充分利用党在办学、改革等过程中的领导全局、把握方向与充分协调的领导核心地位，确保各项政策、方针、建设性改进方案的落实落地。值得注意的是，需要对党委领导下的校长负责制进行不断的完善、改进与发展，确保教育的社会主义方向与道路。

其次，要将人民放在核心位置，提升为人民服务的能力，把文化发展好。必须把办好人民需要的优质文化作为向往与奋斗的建设目标，充分践行“全心全意为人民服务”。为实现这一目标，就必须在关键环节和重要领域做出针对性、关键性的变革，对文化领域落实基础性的教育供给侧改革，使得优质文化的供给与人民需要相匹配，以落实提高人民文化质量的满意水平。

再次，要坚定走中国特色社会主义文化发展道路。制度是重要的根本性保障，充分发挥教育服务人民、服务治国理政、服务改革开放、服务社会主义现代化建设、服务中国特色社会主义制度建设的作用。在这一过程中，必须针对目前现有的不平衡不充分的根本矛盾进行局部优化，对标“五位一体”的总体布局和“四个全面”的战略布局以促进全局优化，全面实现文化水平提高和分布格局的科学性与系统性。与此同时，为顺应时代变化与人民的需求变迁，在贯彻党的文化方针的基础上不断推行文化开发，力求加快推进实现文化强国与现代化，培育好人民满意、社会需要的新时代文化，努力建设现代化强国。

最后，要坚持马克思主义的指导。在新媒体时代，为了更好地对外传播我国优秀的传统文化，我们必须先进行传承。马克思主义是中国共产党立党立国的指导思想。只有坚持马克思主义的指导，才能确保中华优秀传统文化沿着正确的方向传承发展。马克思主义始终为党传承中华优秀传统文化提供指导。新民主主义革命时期，党就用马克思主义的方法对历史遗产进行批判总结，进行理论创新。新中国成立后，以毛泽东同志为代表的中国共产党人坚决肃清传统文化研究领域的非马克思主义思想并提出充分地批判地利用文化遗产的主张。改革开放后，以邓小平同志为代表的党中央坚持用马克思主义对文化领域的东西进行分析、鉴别和批判。江泽民同志明确提出，要坚持马克思主义的立场、观点、方法，坚持古为今用、推陈出新的方针，在新时期运用和发展我们民族文化的精华，为推进社会主义现代化服务。以胡锦涛同志为代表的党中央主张全面认识传统文化，去芜存菁并贯彻古为今用的方针。

新时代，以习近平总书记为核心的党中央批驳了历史虚无主义和文化虚无主义，坚持用马克思主义的立场、观点和方法对待传统文化。党百年来的成功实践表明：正是中国共产党坚持在马克思主义的指导下，客观地、全面地、辩证地对待中华优秀传统文化，才得以激浊扬清、去芜存菁，确保了相关工作沿着正确的方向发展。新时代中国共产党对否定马克思主义指导地位的“以儒代马”的消极论调进行批判，是党坚持马克思主义指导的典型代表。以习近平总书记为代表的中国共产党人将传承中华优秀传统文化的重要性提升到一个新的历史高度。

然而，随着中华优秀传统文化地位的提高，思想文化领域内出现了“以儒代马”的论调。“以儒代马”的论调妄图用中华优秀传统文化，尤其是“儒家文化”去“儒化”马克思主义，甚至试图让“儒家文化”成为中国的指导思想。“以儒代马”的论调没有看到马克思主义作为科学真理对继承创新中华优秀传统文化的指导作用，在根本上是错误的。为了推动中华优秀传统文化的传承发展，中国共产党对“以儒代马”的消极论调进行批判。习近平强调，中国共产党是坚定的马克思主义者，我们党的指导思想始终是马克思列宁主义、毛泽东思想和中国特色社会主义理论体系。梅荣政教授[①]指出：不能把孔学提到党和国家的指导思想的高度；不能因从孔学中吸取精华就把孔学抬到比马克思主义地位还高甚至替代马克思主义指导地位的程度。

新时代，我们要始终坚持在马克思主义的指导下传承中华优秀传统文化。一方面，要全面地、历史地、辩证地认识中华优秀传统文化的地位和作用。既要明确中华优秀传统文化是中华儿女在历史上所创造的伟大成果，又要明确其至今仍是中华民族的“精神命脉”，支撑着中华民族自立于世界民族之林，激励着中华民族开拓进取；既要深刻认识到中华优秀传统文化在中华民族发展历史中所发挥的维护民族团结、培育民族精神、推动人类文明发展等历史价值，又要深刻认识到它在新时代对于培育社会主义核心价值观、解决世界面临的难题和挑战等方面所发挥的重要作用。另一方面，加强文化遗产的保护传承。文化遗产作为历史的遗存，凝结着古人的匠心和智慧，承载着厚重辉煌的历史，是中华优秀传统文化的重要载体。因此，加强文化遗产的保护传承是守护中华文脉、传承中华优秀传统文化的必要举措，是对外传播的基石。

---

① 梅荣政，男，1941 年生，湖北秭归人。教授，博士生导师，享受国务院政府特殊津贴。现任武汉大学邓小平理论与“三个代表”重要思想研究中心副主任。

二、加强顶层设计，完善政策引导

（一）深化“一带一路”，优化文化传播生态环境

当今世界，一个国家文化产业的发展态势很大程度上彰显了其综合国力，一些老牌文化强国在国家发展战略中把文化传播纳入其中。“一带一路”倡议为全面推动中华优秀传统文化稳健、有序传播创造了难得的机遇，我国应当从战略高度加强国家顶层设计，统筹把握“一带一路”文化发展方向，科学布局“一带一路”文化传播格局，引导构建和谐的文化传播环境，为沿线各国间的文化交流奠定合作基础。

首先，我国应当积极与沿线各国、各地区政府共同制定双边文化互动交流合作机制，签署文化交流合作协定，引导各参与方统筹协调，建立有效的风险研判机制、应急管理机制与信任机制。另外，要建立高层磋商机制，通过对各项重大议题充分沟通而达成共识，推动文化合作协定落地生根，实现战略和规划的对接，为“一带一路”建设提供行动指南，促进优秀传统文化对外传播。

其次，整合、协调各方力量形成强大合力，优化资源配置，完善与文化产业发展相关的法律法规，促进对外文化贸易环境规范化、法制化，形成以政府为核心，以社会、企业投入为主体的政策保障体系。加大对“一带一路”沿线国家开展文化贸易企业的扶持力度，如专项资金规模、加大企业融资力度、简化文化产品出口手续、增加出口补贴等，激励企业研发出更具创意的文化产品，培育出更多优质的、富有特色的本土文化品牌。

最后，作为“一带一路”的首倡国，中国必须主动作为，主导构建开放包容的文化交流平台、平等互鉴的文化产业信息服务平台以及生气勃勃的民意互动沟通平台，通过开展文化交流年、举办博览会等活动，主动与沿线国家开展多层次、多领域的合作对话，根除沿线不同文明间的冲突、隔阂，打造“一带一路”倡议背景下中华优秀传统文化走出去的重要窗口。

（二）按照与时俱进的时代发展要求弘扬优秀传统文化

传统文化作为意识形态，由物质环境和经济基础共同决定，往往在不同的历史阶段表现出不同的时代特性。新媒体时代下对外传播传统文化，需要根据时代

潮流的导向以及中国文化发展的基本情况，对其进行必要的改造与扬弃。

1. 按照与时俱进的要求挖掘传统文化的当代价值

在传统文化的文化内涵方面，需要大力挖掘其当代价值。传统文化内容甚广，我们需要从其中淘出能指导当代发展的金沙。时过境迁，当代中国与传统文化形成和发展的时代相比有了巨大的改变，优秀的传统文化是否能在社会主义中国继续传承下去、在国外传播下去，很大程度上有赖于我们对其内容进行有方向和针对性的弘扬。中华民族优秀传统文化博大精深、内容甚广，在建设社会主义先进文化中扬弃传统文化要有侧重点，要关注优秀传统文化中对社会主义先进文化发展有直接、重大意义的内容，对其进行优先学习和重点挖掘。

从经济上来看，改革开放后的中国是混合所有制经济，并且早已走上了工业化和现代化的社会发展道路，利用传统文化来建设社会主义文化，要注意今天的意识形态已经不是为农业经济社会服务，因此，一味追求稳定的社会生产的简单循环已无法适应瞬息万变的现今市场，而传统文化重农轻商的特点也不符合当代经济发展要求。这需要我们更多地从传统文化中的“和为贵”思想中进行挖掘借鉴以营造适宜商业往来的氛围，以争取共赢的心态去对待国际中和生活中的交易伙伴；也需要我们发扬传统美德中的诚信传统，约束不良交易行为，抑制损人利己的心态滋生，建立公平有序的商贸环境。

从政治角度来看，社会主义中国是现代民主国家，是世界大家庭中的一员。利用传统文化建设社会主义先进文化要避免传统文化中的伦理等级制度带来的残余影响以及以天朝上国自居的落后观念，有针对性地发扬传统文化中“民为邦本”的思想，以明确和保证将人民作为国家社会事务中的首要考虑对象，并以谦和包容的态度对待世界其他民族国家和政治力量，以创造良好的交流空间。

从时代潮流来看，中国作为国际大国，需要进一步彰显传统文化为中国树立的爱好和平的民族形象，亦需要利用好如传统文化中“天人合一”及尊重自然规律等内涵。此外，还需要积极借鉴传统文化中的历史经验以满足当代治国理政的需要。例如，传统文化中崇德报本的思想对当代以德治国的重要影响；以德为纽带的社会伦理关系结构对当代中国的社会管理及维持社会安全稳定的借鉴意义；古代用乐和文来重点实现礼教对民众的价值观念的引导，对当代文化市场的规范和文化事业的发展的启发等。

传统文化是中华民族发展历程中代代相传的火种，是人类发展历史的选择。对外传播传统文化需要根据时代变化，重新解读和分析传统文化精神内涵，使其能继续指导人们在新历史阶段的实践。只有深入挖掘传统文化的当代价值，才能证明传统文化在当代弘扬的意义所在，才能让当代人信服并对民族文化充满自信，才能保证传统文化的传承，才能促进传统文化的对外传播，才能有效满足中国特色社会主义的发展需求。

2. 按照与时俱进的要求在繁荣文化事业和文化产业中弘扬传统文化

为了更好地对外传播我国优秀的传统文化，我们必须先进行传承，如果本国都不清楚、不明白自己的传统文化，更不用说传播给其他国家了。在建设社会主义先进文化中弘扬优秀传统文化既需要着眼于文化事业在文化资源均衡配置方面的布局，也需要紧跟我国文化产业发展的潮流趋势。

在市场经济的今天，当代中国的文化事业需要照顾到人们享受文化权力的公平性，满足广大人民的基本精神文化需求。伴随着中国地域经济发展的不平衡，产业往往分布在东部和沿海等地区；而就城乡差异来看，庞大的就业岗位数量和更好的基础设施也使得人口更多地集中在了城市。在市场经济供需关系的调节下，更多的文化资源的分配天平也在不断向城市倾斜，纷繁的城市娱乐生活又吸引了更多的年轻人选择到城市发展甚至定居，这无疑是个恶性循环。

虽然城市化是现代工业社会发展的必然趋势，但是对于农村人口基数仍然十分庞大而城市影响力扩张和辐射有限的中国国情来看，关注农村及经济相对欠发达地区的文化发展仍然是重点。中华民族传统文化依然在广大的民间占有重要地位。特别是在中国的农村和经济欠发达地区，其居民的文化思想较之城市居民保持着较多的传统民俗文化和传统价值观点的淳朴风貌。注重向农村和欠发达地区投入优秀传统文化资源，让优秀传统文化在相对原生态的广大农村已有的民俗文化土壤上首先得到传承和弘扬，是新时代的文化上的“农村包围城市”战略，既能打破依托基础设施的现代文化活动无法到达的地域限制，满足当地民众享受丰富而高质量的文化生活的精神需求，也能让传统文化迅速在中国的大部分人口中重新弘扬，是个一举两得的做法。在中国特色社会主义市场经济体制以及资本主义盛行的国际背景下，文化产业相比之文化事业，有着更大的对人们生活的直观影响。受到现代西方文化和科技进步的影响，电影、游戏和流行音乐等成了当代人文化消费的主要方向，庞大的文化需求和蓬勃发展的文化市场也吸引了很多国外文化企业进入中国。

在当代文化产业领域弘扬传统文化，要选择当代人所能接受及喜好的文化形式，在着重体现感官美的基础上进行传统文化题材的创作，要尝试对传统文化中相对过于刻板和严肃的文化活动进行改变，在尽量保留其文化精神内涵的前提下让传统的文化活动形式变得更轻松活泼以及具有操作性，使其更容易被当代人接受，也更符合当代人的文化需求。此外，要系统培养有竞争力的传统文化创作人才。我们不难发现，在许多国人对西方文化趋之若鹜的同时，也有一些外国友人在中国城市的大街小巷寻找着中国传统民俗及艺人。然而在西方文化占主流地位的背景下，在工业社会讲究效率的环境中，种类繁多而又古朴严谨的传统文化艺术很多都面临着失传的风险。只有系统地从更早的时候培养传统文化创作人才，才能使得传统文化在当代后继有人，才能使得传统文化的当代价值挖掘及现代化升级成为可能，优秀传统文化才能作为社会主义先进文化的重要部分在文化市场上占得更多的份额，为文化产业的发展提供支持。

三、建设文化强国，筑牢文化场域

（一）重视当代文化，丰富文化内容

对外传播不能仅仅传播传统文化，因为传统文化只是中国文化的一部分，另外一部分是当代中国文化。在新时代，我们开始重视现代文化的传播，但是当代文化的传播仍然处于初步发展阶段，要想改变这种现状应该将传统文化进行现代化转化，加大当代文化的传播力度。人类文化的演进就是传承、创新与发展的过程，任何领域的新发现、新创造必须建立在前人研究的基础上，中国现代文化的内容也必须以传统文化为基石，并结合时代发展对传统文化继承与创新。这是本国文化发展的需要，也是对外传播最基本的文化需求。优秀传统文化是一个国家、一个民族传承和发展的根本，如果丢掉了，就割断了精神命脉。在继承与发展传统文化的同时，我们还要加大当代文化的传播力度，宣传中国现代文化成果。

众所周知，有些传统文化与当今社会有出入，有些传统文化因晦涩难懂而不被现代人所理解，这很有可能会影响西方受众对于中国的文化印象，从而加深对

当代中国的误解。所以我们必须推动现代中国故事的海外传播，宣传中国的当代生活，让国外受众了解中国的新变化。另外，文化发展应该秉持继承创新、求同存异的原则，发展当代文化的同时，鼓励不同文明的碰撞和交流，吸收借鉴外国优秀文化的内涵和思想，补充和丰富中国文化，推动中华文化世界化和本土化相结合，丰富文化思想内涵。

（二）加大文化创新，大力建设文化产业

创新是引领文化繁荣的力量源泉，不但能够增强国民的文化自信，更能推动优秀传统文化的持久发展。鉴于此，一是要把培育和践行创新意识、品牌意识融入优秀传统文化的转型发展中来，抓住其精髓，注重保护好传统文化价值的丰富性、系统性，把握好传统文化元素创新尺度，促进传统文化在推陈出新中保持与时俱进；二是要充分利用文化市场的调节作用，生产出满足大众需求的、市场反响强烈的文化符号与产品，使优秀传统文化的深厚内涵深入人心；三是要想促进优秀传统文化在现代社会的转型发展，就必须挖掘适应新时代的优秀传统文化资源，结合现代化审美，对其进行创造性的再开发，赋予其崭新的时代价值，提升其文化内涵与文化产品附加值，展示其中所蕴含的中国智慧、中国精神。

为此，大力建设我国传统文化产业势在必行。第一，要按照高技术化、高关联化、高附加值的现代文化产业体系要求，优化传统文化资源配置，调整传统文化产业结构，提升传统文化服务水平，推动优秀传统文化产业跨越式发展。第二，文化产业以内容为王，必须开发具有传统特色的文化项目，挖掘具有鲜明地域特点的文化产品与服务，开拓具有民族特色的古丝绸之路民族艺术、工艺等文化合作项目，激活独具一格的传统文化基因。第三，将文化对外贸易纳入中华优秀传统文化对外交流的总体框架中来，积极探索传统文化产品与服务的出口模式，重点培育具有特色的文化贸易企业和项目，优化文化产品出口结构，促进我国传统文化要素跨区域自由流动，推动优秀的传统文化产品在竞争激烈的国际市场中站稳脚跟。

注重文化创新，开发原创产品。中国文化对外传播就是要最大限度地表现中国的文化元素，尤其要表达的是价值理念，而只有创新才能更好地传播文化内涵和中国价值。但文化产品不能简单地进行外包装，而要借助技术和商业模式将文

化内容表现出来，真正做到以内容为王。新时期，要注重文化产品的原创力，利用文化产业人才自主研发、创造文化产品，注重增加产品的价值，开发具有中国风格的高质量文化产品，走出文创发展新路。

推动文化与多领域融合，提升产品附加值。我们要关注文化与科技、旅游、互联网等领域的结合，不断拓展和创新文化发展领域，提升文化产业的竞争力。以“文化+科技”为例，技术和文化相结合是提升产品附加值的重要手段，美国重视文化和科技的结合，在电影中运用科技成果，提升了观众的体验感，不仅创造了经济价值，而且表达了美式价值观。新时期，推动文化产业升级还可以在数字文化产业上下功夫，通过新媒体技术和数字化手段，开发数字创意产品。

鼓励人民创新，汇聚大众力量。人民的力量强大，众多力量汇聚有利于丰富文化供给，更利于满足且更接近人民的精神文化需求。且民间力量加入传播中国传统文化的活动中，有利于外国人了解中国文化，了解真实的中国。文化创新还要集聚专业的创新人才，人才在文化创新中占据最优先的位置，因此，要想使中国文化在国际社会占据一席之地，就必须加强人才队伍建设和培养，以人才兴文化，激发文化产业的创造活力。我们必须利用政府、高校、企业的合力来培育国际化人才，从而提高从业人员的数量和质量。除此之外，我们也不能忽视海外留学生和来华留学生在传播中国传统文化进程中的作用。

（三）把握受众需求，调适文化供给

如果按照传统的手段，不区分受众差别、不分析受众的文化需求就进行文化传播，会导致传播效果大打折扣。为了避免做无用功，我们要以受众为中心，有针对性地对外传播、科学合理地调整供给内容。

首先，对受众进行分析，以提供适销对路的文化产品。将文化产品提供给海外受众，必须以受众为主，深入研究海外受众的心理特点和接受习惯。在对国外受众的需求进行调查分析时，多与受众群体进行交流，贴近当地风俗习惯、了解其文化背景、掌握其消费偏好等，深入不同国家不同文化层次的受众，采取不同的文化传播方式，找到适合文化输出的传播模式。

其次，挖掘不同国家和民族之间的文化共性，增加文化认同。在跨文化传播中受欢迎的内容都具有普遍的共性价值，同时兼具自身文化特色，这类文化内容在打破文化差异的同时还展示了自身的文化魅力。要关注不同文化间的共同特征

和跨文化的人类普遍情感，设计贴合受众国的文化产品，利用“贴合性”文化元素来唤起对象国受众的文化认知和文化认同，唤起受众群体的情感。

最后，调整文化传播的内容，细分国际市场。针对不发达或者社会主义国家可以加大传播政治制度、意识形态方面的内容，而针对发达国家或者霸权国家就要传播极具吸引力的传统文化。例如，中国同日本、韩国等国在文化上具有同根性，文化传播折扣相对较小，可以尝试从这些国家寻求突破，把握文化需求提供对路的文化产品。欧美发达国家和中国的文化距离较大，对文化产品的接受度也比较低，而发展中国家和中国的生活方式、发展状况相近，对于文化产品的接受度也高。所以，我们可以调整传统文化传播的内容，逐步推动文化“走进去”。

（四）打造知名品牌，输出文化精品

我国文化资源丰富，较多的文化产品实现了“走出去”，但是缺少具有中国标识的知名品牌，所以在对外传播上应着力打造弘扬中华优秀传统文化的知名品牌。

首先，我们要在传统文化资源上下功夫。打造知名品牌不仅是要输出产品，更重要的是输出文化底蕴，增强中华文化的魅力，要对产品有一个清晰明确的定位，即内涵中国元素、展现大国形象的传统文化精品。中国文化输出的过程中要提升产品层次，选择能代表中国文化的精髓和内在价值的文化资源。我们可以借助高科技将中国特色文化元素打造成现代文化产品。中国文化与现代高科技相互碰撞，既符合当代人的审美情趣，也能提升文化产品的价值，提升文化产品的知名度。

其次，我们要制定科学合理的营销战略。传统文化产品要结合市场需求来开发，要具体到不同国家受众的文化需求。文化市场主体打造国际知名品牌，不能只“以我为中心”，一定要结合市场需求，在广袤的文化领域中找到戳动世界人民兴奋点的文化元素，还要根据不同文化差异制定不同的销售战略。

最后，文化市场主体可以加强合作。合作才能共赢，文化市场各类主体应该在保持竞争的同时加强合作，在与同类型文化企业、相关文化企业合作中加强自身优势，形成强强联合，在汇合资源、人才与技术中共同研发产品，打造富有知名度和美誉度的传统文化品牌。

第二节 传媒层面：弘扬中华优秀传统文化

一、立足传统媒介，创新表达方法

（一）提高图书流通率，促进中华优秀传统文化对外传播

第一，相关职能部门要提高图书编纂者、出版者的思想道德素养，既注重图书销售带来的利益，又注重图书所承载的中华优秀传统文化，利用现代化思维与其相结合，以亦庄亦谐的文风打开图书销路，掌握适度性，防止图书重娱乐、迎合低俗恶趣味，轻文化传播。

第二，完善图书市场发展制度，畅通传统媒介传播渠道。标准化、信息化、智能化正在逐渐成为图书市场的三大发展趋势，“三化”建设能够疏通传播渠道、提高传播速度、规范传播行为。为此，要以完善图书出版奖惩机制提高出版者对优秀传统文化的重视度，以规范定价机制防止恶性竞争，以健全图书流通机制避免图书长久封存，建立规范、高效运转的图书市场，提高图书利用率，促进传统文化对外传播。

（二）定点投放报刊，进行目标性传播

新媒体时代，智能制造崛起，让纸质版报纸失去了强大的传播地位，公众更倾向于电子化、碎片化阅读，但因其固有的真实性、权威性等特点，纸质媒体在传播中华优秀传统文化时不可或缺。定点投放报刊主要有三种投放地点，一是初级、高级中学要根据学校教师和学生人数订阅报纸，引导学生、教师培养看报习惯；二是居委会（村委会）、物业等各类基层组织可由小区、政府等单位订阅发放；三是推动各类社会组织提高报纸订阅量。通过上述单位订阅，或由相应单位采购发放，能够提高报刊的阅读率。

（三）推进电视事业发展，促进传统文化对外传播

各家电视闲置与拥有电视的现实状况相矛盾，电视缺乏吸引力是其相矛盾的原因之一。为化解矛盾，提高电视的媒介作用，一是国家广播电视总局和各级广

播电视局要加强电视广告、节目审核和监管，积极遏制虚假宣传、低趣味的广告，提高电视节目质量，推动电视节目更新进度与网络更新进度相一致，同时，在相关广告和电视节目中适当增加中华优秀传统文化内容，凭借电视屏幕大、观感好的优势，吸引大众，促进其传播。二是把握传播时机。国家各类节假日所带动的人口流动、聚集，为电视传播文化提供了契机。走亲、访友、春节是电视播放的高峰时期，观看群体从幼年到老年，在此基础上，提高中华优秀传统文化电视节目的播放率，广泛影响受众群体。

传统文化类电视节目的特色主要体现在对我国传统文化的利用方面，为把握好传统文化类电视节目特色，一方面，电视节目工作人员可以透过实际案例分析受众反馈，了解传统文化类电视节目的基础价值，以及思考如何顺应新媒体时代的发展趋势，创造具有全球影响力和号召力的优秀文化作品；另一方面，可充分利用我国优秀传统文化要素开展文化类电视节目的制作，通过细节打磨提高电视节目质量，从而产生一定的经济效益。因此，节目定位要以传承传统文化为主，以青年为媒介，以我国优秀传统文化为根基，体现节目的使命感和社会责任感。综艺节目应该以传统文化的内涵为基础，以多元的方式展现新时代文化发展的风采，从而促进电视节目和传统文化的融合。例如，河南电视台为充分挖掘地域文化优势与价值，推出了《汉字英雄》《成语英雄》《文学英雄》等文化节目，此类节目的成功，是偶然也是必然，更是对河南卫视坚持文化定位的一种肯定。

丰富和深化主题的传统文化内涵。中国传统文化有着上下五千年的历史底蕴，它融合了中国56个民族的文化，是以人为本的道德文化，强调伦理是它的核心和特点，注重道德建设和理想人格的实现是其本质内涵。传统文化对人们的影响很大，人们沉浸在传统文化的氛围中，思维方式、生活习惯、价值观、审美习惯、话语、行为等都受到了广泛的影响。文化与人有着千丝万缕的联系，因此，电视节目若能从影视世界渗透到传统文化的深厚土壤中，为节目注入积极的文化意义，将是难能可贵的。中华上下五千年的传统文化，世代传承，影响着我们的炎黄子孙。今天，我们回顾祖辈传承下来的历史文化遗产，应明确历史责任，承担起传承和弘扬中华民族传统美德、文化、风俗等重任，为新时代建设提供坚实的历史依据。

电视作为传播中国传统文化的重要载体之一，其创新发展必然离不开考虑受众的多样化需求。中国中央电视台是最权威的官方媒体，社会关注度高，具备广泛影响力，更应以中国传统文化体系为核心，对优秀传统文化主题进行全面梳理和凝练，在更高层次上运用最新科技将传统文化与电视节目串联，让中国传统文化紧跟社会发展的步伐，获得受众的关注和尊重，从而加深受众对中国传统文化的认同，增强中国传统文化的影响力。美国跨文化交流学者拉里·萨默瓦（Larry Samovar）认为文化认同是个人和群体定义自己、区分他人、加强认同感、形成具有共同文化意义的群体的标志。文化认同可以规范一个群体的思维方式和行为方式，促进社会文明的发展，在一定程度上反映一个国家的社会文明及其公民的理想主义和道德标准。文化认同有助于加深各民族对祖国传统文化的认知，并且对于各民族之间的文化传播、和睦相处、友好往来、团结和谐具有极大的现实意义。

二、发挥新媒体的作用，优化传播环境

（一）新媒体时代加强短视频的传播力量

1. 以内容拓展丰富文化形态

中华优秀传统文化的短视频传播须深入文化的内在肌理，开掘优质内容，展现文化多样性。中华优秀传统文化源远流长、博大精深。近年来，传播中华传统文化的短视频作品不断涌现，其聚焦传统文化元素，以视听化的呈现形式传递了丰富的中华优秀传统文化意象。按照传播内容分类，传播中华优秀传统文化的短视频作品大致可分为八大类，即传统表演艺术类（如戏曲、皮影）、传统手工艺类（如竹编、油纸伞）、传统技艺类（如舞蹈、武术）、传统美食类（如乡村美食）、传统服饰类（如旗袍、汉服）、非物质文化遗产类（如麻纸、年画）、传统文化知识科普类（如国学）、传统文化传承人宣传等，这些垂直化的短视频类型传播效果显著，也培植了固定的文化圈层与文化社群。

除了已经涉及较多的传统手工艺、传统美食等，古文字、古籍、诗词歌赋、民族音乐、民间文学、革命文物、历史遗迹、农耕文化、中医药文化等传统文化元素仍有较大挖掘空间，都可以作为中华优秀传统文化的短视频传播内容资源。且短视频在呈现、传播与传承传统文化的过程中，仍有许多故事可以讲述，仍有

许多没有进驻短视频平台的传统文化传承人可以链接。其不仅应当从丰厚的历史文化滋养中去开掘优质内容，更应当以短视频平台为载体，建构起中华优秀传统文化传承人的交流空间，在传播主体与传播内容的交织演绎与共同发力下，助力中华优秀传统文化实现更广阔、更深层的传扬。

此外，中华优秀传统文化的传播过程需要融入符合时代背景的新鲜文化元素。在互联网浪潮的席卷之下，多元的异质文化一直暗自与中华优秀传统文化进行着博弈，意图随时替代中华优秀传统文化，加冕"主流文化"之冠。因此在当下的中华优秀传统文化传播过程之中，紧跟时代脉搏、把握创新尺度、时刻保持新鲜感尤为关键。唯有如此，中华优秀传统文化方能以其年轻的、新鲜的、创新的姿态，击退横行于网络的异质文化的频频试探，稳坐"主流文化"之位，不断传播下去。

2. 以联动传播畅通文化触达

新媒体语态下，传统文化的传播也需迎合传播环境及受众的不断变化，创新传播渠道及方式，进行多平台组合式传播。在"万物皆媒体、一切皆平台"的多元化媒介环境下，选择合适的媒介，依托多样化的平台，根据场景选择适配的受众，可以极大地提高内容传播效率。中华优秀传统文化的短视频传播矩阵种类丰富，不应被"抖音""快手""西瓜视频"等单一的移动短视频平台限制思维。而应拓展具有文化适配性和顶级流量的长视频类应用平台，如"爱奇艺""腾讯视频""哔哩哔哩"，乃至社交媒体平台，如"微信"视频号、"微博"视频号。利用多维度的媒体矩阵对内容进行精准传播，并结合社交传播与短视频传播，最大程度地扩大影响力和积聚流量。同时，不同渠道对投放内容的时长要求也不尽相同，目的是契合不同客户端的受众特性与观看场景。例如，投放在典型移动短视频平台，如"抖音""快手"上的短视频时长为 15 秒至 5 分钟，以适配其移动性、碎片化与即时性的传播特点；而"爱奇艺""腾讯视频"等作为内容平台，受众注意力停留在上述平台上的时间较长，因此投放在这两个平台上的视频时长可酌情提升至 10 分钟。中华优秀传统文化的短视频传播也要通过点面结合而拓展覆盖率，通过平台组合占领渠道优势，不断完善扩张中华优秀传统文化的短视频传播网络，从而助力传统文化传承。

3．以文化深描厚植文化底蕴

人类学家克利福德·格尔兹（Clifford Geertz）曾于《文化的解释》一书中提出了“深描”文化理论，该理论为中华优秀传统文化的短视频传播提供了全新的角度与方法论。深描对应于浅描，讲求由表及里，揭示内在文化意义。中华优秀传统文化的短视频传播应注重文化深描，做好传统文化阐释，揭示传统文化内涵，讲好传统文化故事。在传统文化的传播过程中，传统文化传承人扮演了“文化深描”的角色，他们通过对日常生活的真实呈现及对个体生命故事的真实言说，生动讲述与呈现着传统文化故事，沿袭传承着传统文化精神。例如，泥塑大师王文瑜等传统文化传承人展现的“干一行，爱一行；择一业，终一生”的匠人精神；“正见·传统文化”在讲述《论语》《大学》《孟子》《道德经》时，渗透出来的丰富的道德理念与圣贤智慧等，于潜移默化中提升了大众对传统文化、民族精神及主流价值观的认同。

传统文化现已成为社会主义现代化建设的重要组成部分，因此中华优秀传统文化的短视频传播更应强化对传统文化的意义阐释。应将中华优秀传统文化的丰富内涵附着于国家民族的宏大故事，内化于平民百姓的日常故事，向广大受众传递中华民族以人为本、天人合一、自强不息的思想，传递笃实宽厚、克己奉公等中华传统美德。

总之，应借助中华优秀传统文化短视频的意义承载，潜移默化地将传统文化的底蕴、价值与精神植入新时代土壤，从而为中华民族伟大复兴积蓄能量、凝聚力量。此外，仍需要加大对中华优秀传统文化传承人队伍的培育，只有当中华优秀传统文化传承人队伍壮大了，传承人文化素养提升了，传承人价值信仰坚定了，中华优秀传统文化的传承方能焕发生机，继而促进传统文化的对外传播。

（二）利用科技赋能，拓展传播渠道

如今我国在大数据、人工智能等前端科技领域发展迅速，这些前沿技术在文化领域也被广泛应用与普及。中华优秀传统文化当代价值的彰显，离不开科技手段的必要支持，它们的介入渗透，为深度提升中华优秀传统文化的影响力提供了助推力。

其一，运用前沿科技创新中华优秀传统文化的表达方式。前沿科技以生动鲜

明的特点深刻展现了优秀传统文化的精彩纷呈，为营造优良的文化体验氛围奠定了坚实的基础。众所周知，前沿科技本身具有多元化的特征，能够将静态的作品以动态的形式呈现在大众眼前。例如，广为人知的《清明上河图 3.0》互动艺术展演，通过嵌入前沿科技，生动形象地还原了北宋时期开封的人文社会与市井风情，让观众享受到了沉浸式的感官体验。

其二，运用前沿科技丰富中华优秀传统文化的内在内容。以《清明上河图 3.0》为例，前沿科技与中华优秀传统文化的有机结合，赋予了优秀传统文化新的时代内涵与形式美学，各类科技要素的有机渗透，彰显了作品内在的科技内容要点，呈现出作品立体化、时代化的重要内容。

其三，运用前沿科技为中华优秀传统文化的创新发展赋能。中华优秀传统文化与各项科技要素的紧密结合，保证了现实场景在传统文化艺术中的推广应用，在打破优秀传统文化门类界限的同时，为中华优秀传统文化的创造性转化与创新性发展夯实了基础，保证了优秀传统文化作品不断推陈出新。

第三节　社会层面：传播中华优秀传统文化

一、学校开展传统文化教育，融入课堂教学

（一）营造良好的校园文化氛围

中华优秀传统文化与高校校园文化环境密不可分，良好的校园文化氛围有助于陶冶深厚的情操，培养坚定的意志，塑造健全的人格，培育中华优秀传统文化自信。因此，学校要在弘扬校训文化精神、美化校园环境、推进校园学风建设中营造浓厚的文化氛围。

1. 弘扬校训文化精神

校训是校园文化建设的重要内容，是学校教风、学风和校风的集中表现，体现了校园文化精神的核心内容。我国大多数高校的校训都取自中华优秀传统文化经典，如清华大学校训“自强不息、厚德载物”，出自《周易》“天行健，君子以自强不息；地势坤，君子以厚德载物”的传统文化精粹，激励学生做一个德才兼

备之人。南开大学校训“允公允能，日新月异”，则是张伯苓先生[①]化用《诗经·鲁颂》中的“允公允武”，并从《礼记·大学》的“苟日新，日日新，又日新”中提炼出“日新月异”组合而成，成为南开人的价值取向与精神追求。中山大学校训“博学审问慎思明辨笃行”，出自《中庸》第二十章提到的“博学之，审问之，慎思之，明辨之，笃行之”，主张按照“至诚”的本性来修身，通过学、问、思、辨、行五大环节，将自身修养为“君子”。高校要发挥校训文化的育人功能，引导学生以校训出处为切入点，以校训内涵为主题，开展系列主题教育活动。还可以创新校训文化传播途径，综合运用各类新媒体平台，使校训中的传统文化内涵以现代化的方式加以呈现，结合新颖时尚、生动有趣的形式，传播校训文化中的优秀传统文化理念，创造出更多校园文创产品，涵养带有人文厚度的中华优秀传统文化自信。

2. 美化校园环境

校园环境的美化作为一项系统工程，具有科学性、知识性、系统性、创造性和实效性。其一，中国传统文化可以依托校园建筑得以显现，校门、道路、广场、围墙、报告厅、楼宇、文体场所和学生公寓等，都是传承发展中华优秀传统文化的有效载体。可以通过以中国传统历史名人的名字命名大学校园建筑，打造中华传统文化名人墙或文化长廊的形式，展现大学校园的人文精神和文化韵味。

其二，中国园林是自然山水美的集中反映，凝聚了诗歌、文学、绘画、书法等各类艺术之精华，具有独特的艺术风格与审美价值。要依托校园园林环境的建设，为学生的休闲和学习提供清静幽雅的环境氛围，彰显热爱自然、尊重自然的造园理念，传播中华优秀传统文化。

其三，校园雕塑作为校园环境中一道亮丽的精神风景线，以其独特的艺术魅力，展现了学校人文精神的独特魅力，强化了学生的审美感受，丰富了学生的精神世界。在校园雕塑的选取上，要倡导传承中华优秀传统文化，传承中华传统美德，发挥其潜移默化的育人价值。

其四，校园公共环境是校园环境中的重要组成部分。学生守则和相关规范中，要传承中华优秀传统文化中的核心思想理念，制定符合现代文明要求的社会礼仪、

① 张伯苓（1876年4月5日—1951年2月23日），出生于天津，中国近代教育家，南开大学创始人、校长，西方戏剧及奥运会的最早倡导者，被誉为“中国奥运第一人”。

服装服饰和文明用语规范，普及中国传统礼仪文化，培养良好社会风尚，使学生在校园文化氛围的熏陶中，逐渐涵养自身的文化品格。

3．推进校园学风建设

学风是高校精神的集中表现，是学校立校之本。中华优秀传统文化内涵丰富，影响深远，促进了学校学风的建设与发展。要优化校风学风，繁荣校园文化，培育学校精神，建设优美环境，滋养师生心灵，涵育师生品行，引领社会风尚。学校要大力加强校园学风建设，完善学风建设思想理念，传播中华优秀传统文化。

首先，从校风入手。学校要做好顶层设计，传承大学人文精神，全方位、多举措净化学风，提振校园发展的精气神。要加强校园制度文化建设和人文管理，弘扬中华优秀传统文化精髓，彰显学风管理的人文性和艺术性，增强高校文化育人的实效性。

其次，从教风入手。教风的好坏直接影响学风建设的质量和水平，要引导教师将优秀传统文化知识贯穿到学校学科建设、课堂教学和课题研究之中，在课堂上传播正确的、优秀的传统文化思想理念。

最后，要从学风入手。学生作为学风建设主体，应当树立学习的自觉意识，传承“格物致知”“克己内省”“以道制欲”等中华优秀传统文化理念，强化自我教育、自我约束和自我管理，积极参与经典诵读、道德讲堂、读书交流会等弘扬中华优秀传统文化的活动。还可以树典型，立榜样，强化党员先锋带头作用，完善奖励和表彰机制，营造比、学、赶、帮、超的优秀传统文化氛围。

（二）深入挖掘传统中华优秀文化教育资源

1．统筹全局，整合传播资源

学校传播中华优秀传统文化应加强顶层设计，制订符合时代主流和学校发展特点的传播方案，整合校内教学、宣传、学工等部门的资源优势，做好相关教师新媒体传播技能培训以及学生中华优秀传统文化教育。此外，学校应在教师评奖评优、辅导员工作评比中增加中华优秀传统文化传播的考核比重，在教师培训、辅导员技能提升等活动中增加中华优秀传统文化的研习活动，提升教师传播中华优秀传统文化的能力。例如，对文史类学科建设薄弱的高校而言，其应积极发掘和整合社会资源，通过引进校外传统文化教育导师，开展中华优秀传统文化传播系列讲座，组织大学生开展传统文化德育实践等措施，提升高校传播中华优秀传统文化的能力。此外，学校宣传部门应建立健全新媒体应用的规章制度，加强对新媒体平台上中华优秀传统文化传播内容的审核管理，营造良好的中华优秀传统文化在学校传播的氛围。

2. 加大文化研究力度，开设国学教育课程

对于优秀传统文化经典的正确诠释，是实现传统文化走出历史与现代相容的首要步骤。众多的传统经典著作难以被现代人所认识是制约传统文化传承的主要障碍，加之现代教育中，对于文言文阅读能力要求的降低，使现代人与古典越来越远，只能依靠广大学者在现代文化代沟之中，建立文化相通的桥梁，以实现传统文化的现代传承。国学教育是建立传统文化认知的主要途径，只有让国学成为专门的教育体系，开设专门的教育课程，才能形成对于传统文化的系统性全面认识，而不是现代教育中的“掺杂”的方式所造成的碎片化认识。

3. 完善课程体系、丰富教育内容

当前我国各个等级的学校，尤其是高校的教育目的是提高学生的自主学习探究能力，培养其优秀品德，为社会主义事业培养接班人，并按照社会发展需求提高学生综合素质，满足其后续发展需求。因此，我国高校需将中华优秀传统文化融入思政课中，完善中华传统文化教育体系，深入挖掘传统文化中的教育资源，并应用于实际教学实践活动中。

第一，学校应根据学校校训，设置相应的中华传统文化选修课与必修课，在必修课中教师需向学生讲解与中华传统文化有关的典故、诗篇、文献等。帮助学生深入感知中华传统文化的魅力，激发学生学习兴趣，提高其鉴赏、分析的能力，培养学生的家国情怀，促使学生坚持文化自信。在选修课中，学校要将中华优秀传统文化融入，拓宽高校教育路径，增强学生的文化认同感，引导学生坚持社会主义信仰，树立正确的三观，确立远大的目标，为中国特色社会主义道路做铺路人。

第二，学校应结合当前所需，创新传统文化教育实践措施，转变传统教育观念，坚持以人为本、以文化人提高学生个人品德。此外，教师应将现代化设备与教育实践相结合，创新教学措施，让学生深入感知文化之美。同时，教师应创新教学方法，开展多元化教育活动，如开展翻转课堂、情景模拟、小组讨论等帮助

高校学生内化传统文化知识，并应用于实际生活中，促进学生全面发展，为传统文化培养继承人。学校还可根据学生成长阶段分类施教，帮助学生建立传统文化知识框架，形成知识体系。

（三）改进中华优秀传统文化课堂教学实施方式

1.以传统节日为载体实现中华优秀传统文化教学的创意性

多样化的传统节日蕴含着宝贵的教育资源。中华优秀传统文化内容丰富，知识庞杂。要继承和发扬中华优秀传统文化，要通过传统节日这个载体来实现。我国每一个传统节日的背后都有一定的纪念意义与历史价值，并且也承载着中华优秀传统文化的精神价值。因此，在教学过程中要充分利用传统节日这个载体，经常组织学生参与实践活动，使其在参加传统节日的活动中产生学习兴趣，产生好奇心。例如，在教师节可以组织学生开展相应活动，让学生们了解到中国是一个尊师重道、讲文明讲礼仪的国家，让学生们学会如何尊重教师、和教师保持良好关系，发扬我国的优良传统美德。清明节也可以组织学生们参观烈士陵园，在参观后要求学生说出自身的感想，并进行一定的反思，让学生知道我们今天的美好生活来之不易，要心存感恩之情。

除此之外，也可以开展与传统节日相关的令学生感兴趣的活动，学生在参加活动的过程中也可以受到潜移默化的影响，活动的氛围感也可以对学生产生积极影响，使其深入了解中华优秀传统文化的内涵。

2.以互联网技术为支撑，促进传统文化与教育体系深度融合

在互联网时代传播和弘扬中华传统文化时，可将文化与教育体系紧密联系在一起，以文化教育的形式让源远流长、内蕴丰富的中华优秀传统文化走进人们的视野，让更多人深入了解我国传统文化。甚至是引导更多人主动学习和传承中华传统文化，这不仅有利于增强中华民族的文化自信，也能够使中华文化的国际影响力再上一个台阶，从而实现中华传统文化在全球范围内的广泛传播。

首先，将中华传统文化传承与传播纳入教育范畴。无论在任何时代，教育都是传承和弘扬中华优秀传统文化的重要途径。在互联网时代，教育工作者更需要增强责任意识，通过播放视频、图像资料等一系列方式向学生灵活展示内涵丰富的中华传统文化，让学生在学习的过程中领略中华民族创造的璀璨文明、感受传

统文化的博大精深、领略丰富多样的民俗风情，增强学生对中华优秀传统文化的认同感，激发学生的民族自豪感，使学生自觉成为传播和弘扬中华优秀传统文化的使者，以此实现真正意义上的全面传播中华优秀传统文化的良好局面。

其次，依托新兴技术打造特色课程。在互联网时代，云计算、大数据等一系列新型技术日臻成熟并在各个领域得到大力推广与积极应用。可将此类新兴技术与传统文化教育深度融合，打造“中华经典国学”等一系列特色课程，通过线上推广、线上阅读等方式，让更多民众接触和了解中华经典国学，让人们进一步领悟国学的内涵及精髓。这既有利于人们形成正确积极的价值观念，也有助于社会安定和谐，以此促进中华优秀传统文化广泛传播。

最后，利用互联网技术增强传统文化教育的趣味性。传统文化教育往往较为枯燥，如唐诗宋词等。而利用互联网技术就可以将古诗词转化为生动、形象的图像或视频。例如，学习古诗《题临安邸》“山外青山楼外楼，西湖歌舞几时休”，学习者往往难以感受这首诗所描绘的画面，而利用互联网技术则可以将诗歌中描绘的西湖画面展示出来，让学习者以诗人的身份融入其中，并产生情感共鸣。又例如，在传统文化教学中还可以利用互联网技术组织与传统文化活动相关的游戏竞赛，如网络围棋、线上诗词朗诵、戏曲文化表演竞赛等，让传统文化教育变得富有趣味性，从而让更多人了解传统文化、热爱传统文化。

3. 扩大实施主体，形成文化传承联动效应

第一，从实施主体上看，学校在传承中华优秀传统文化中的作用不言而喻。中小学可以把中华优秀传统文化纳入必修课程，除了课堂教育，学校也可通过文化夏令营或假日研学等形式开展一系列活动。学校还可把学校小课堂和社会大课堂结合起来，教育和引导学生不仅从书本上认识中华优秀传统文化，还要从行动上践行中华优秀传统文化，走出教室小课堂，走进社会大课堂，感知、体验、感悟中华优秀传统文化的魅力。

大学则要把中华优秀传统文化有意识地融入思想政治课及学科专业课程中，并以学校第二课堂、学生社团等形式开展学习传统美德等活动，通过思政课程和课程思政来加深大学生对中华优秀传统文化的认知，增强他们对中华优秀传统文化的认同感，引领大学生树立正确的审美观念、陶冶高尚的道德情操、培育深厚的民族情感，让文化传承深入年轻一代，使他们实现与时代同频共振。

第二，互联网科技的发展打破了文化教育在地域和空间的限制，校校联动、校内联动、校外联动得以实现。学校应汇聚各方力量，形成传承合力。学校应联合图书馆、博物馆、群艺馆、社区文化馆等各类公共文化机构和公共场所传承中华优秀传统文化，实现全方位育人，并综合运用报纸、书刊、电台、电视台、互联网等各种载体，搭建传统媒介与新媒体相互融合的宣传平台，且统筹宣传、文化和文物等管理部门，最终形成弘扬中华优秀传统文化的联动机制。

（四）提升教师开展中华优秀传统文化教育的素养

1. 提升教师的思想道德水平

如何判断一个教师是不是一个好教师，首先我们就需要了解他是否具有坚定的理想信念。教师，既要能够授业解惑，也要能够将传道视为自己的责任与使命。教师之所以被称为灵魂工程师，不外乎教育的本质就是一个灵魂唤醒另一个灵魂，教师的思想道德水平不能衡量他所掌握的知识的丰富与否，但是他做人品质的关键体现。若教师品行不端，学术不端都将难以令学生信服，更加无法做文化知识的传播者，因此，必须提升教师的思想道德水平，要让有品德的人滋润英才，用高尚的品行浸润学生的心田，特别是思政工作，事关意识领域，是我们的工作重点。

第一，学校集中学习，重视教师团队的思想道德水平。要打造一支出色的好教师团队，必须重视整体在全局中的作用。例如，某学校会定期组织开展一系列先进人物事迹学习活动，包括党课学习、展板展示、集中讲座等，以此来强化教师们的道德情操教育。论语有言，其身正，不令而行。教师不管是做人还是做事，都以身作则地影响着学生的行动。因此，好的行为举止，能为学生提供学习模板。

第二，教师见贤思齐，不断提升个人的思想道德水平。在新时代，我国依然有着那么多的甘愿为教育奉献的“最美”教师。广大教师应向他们学习，戒骄戒躁，远离名利之争，潜心教书育人，扎根三尺讲台。

2. 提高教师的传统文化素养

中华优秀传统文化的精神内涵是通过漫长的发展历程形成的，完全掌握中华优秀传统文化不可能一蹴而就，要持之以恒。为完善中华优秀传统文化教育，应该提升教师的文化素养，在此基础之上学生才能了解到更多的优秀传统文化。教师在教育行业里一直充当着学生前行路上的指明灯，既然扮演着传授知识的重要角色，就要求教师自身具备一定的知识储存量。在枯燥的课堂上，学生们能在多大程度上接受知识的传授，能够产生多大的学习兴趣都与教师有很大关系。提高教师的传统文化素养具有重要作用，势在必行。

提高教师的传统文化素养，可以从多方面来开展。首先是国家政策方面，可以添加一项必不可少的要求就是对于当下教师的选拔必须要看专业文化素养，在教师评定职称的要求中也可以将文化素养水平作为一项必然要求。并且在教师任职期间也可以开展继续教育来提高教师的传统文化素养水平。学校也可以请专家来讲解，在专家和教师的沟通合作下推进中华优秀传统文化教育。另外，学校还可以组织教师到其他学校参观，召开交流会议，推动教师之间交流沟通、分享自身经验、解答疑难问题，更好地实现教师自身素质的提升。

3. 提升教师对中华优秀传统文化的传播力

学校教育是继承和发展中华优秀传统文化不可或缺的一环，但传统的课堂受教学模式、形式、内容、时间所限，无法将中华优秀传统文化的传承工作落到实处。中华文化绵延千年，热爱与珍惜，尊重与敬仰，应该是我们对其的态度与做法。一定要提高教师对中华优秀传统文化的传播力。何为传播力，传播力是传播主体对各种传播手段充分利用的能力。传播力的有效程度，很大程度上取决于传播内容。大数据时代已然来临，巨大的信息流中，大众愿意接受对自己有用的信息，以及极具特色的吸引力强的内容。思想政治课的综合性强，事关意识形态领域的建设，也是中华优秀传统文化传播的重要阵地。在教学过程中，教师一定要思考，如何将中华优秀传统文化讲得更具特色，更有吸引力，如何让学生更加喜爱并乐于传播中华优秀传统文化，以此提升自身对中华优秀传统文化的传播能力。

第一，设计特色活动，调动学生的积极性。如果仅仅依靠教师的语言讲解知识，学生很快便会觉得枯燥乏味，但是如果教师可以给课堂教学加入一些小设计，便可达到四两拨千斤的效果。例如，巴州二中开展了“每课三分钟”的活动，即在每节思想政治课上利用三分钟讲述一个英雄模范人物、国家政策等相关内容，并要求有一个能突出重点的视频展示，涉猎广泛，拓展了学生的知识面，提升了学生的学习兴趣。

第二，与其他教师进行合作。兴趣是最好的教师，对每个人而言都是如此，以思想政治课为例，思想政治课的综合性很强，可拓展度也相对较高，思想政治课教师在日常教学中可以与其他教师进行合作，将其邀请进课堂，展示不一样的文化艺术，提升学生的综合审美能力。例如，有的教师在学校教学工作中，想把喜爱的相声艺术与工作相结合，激发学生对相声这种中华优秀传统文化的兴趣，使他们自觉自发地喜欢相声。除此之外，讲到中华文化博大精深，也不得不提到多彩的饮食文化，中国地大物博，形成了极具地方特色的菜肴。可以将厨房搬进课堂，邀请擅长菜肴烹饪的教师来教学生包饺子、炒地方特色菜、煮火锅等。开展这一系列活动，对在校的学生与教师都具有非凡的教育意义。我们应让中华优秀传统文化教育通过思想政治课这个小平台在校园内生根发芽，以小见大，以各样的形式让传统文艺在当代学生心中留下难以磨灭的印记；让各类中华优秀传统文化进入每一节课堂，进入师生心间，使得中华文化能够在面对复杂多样的世界文化时站稳脚跟，魅力永存。

4. 教师应开发传统文化资源

以思想政治课为例，由于传统文化在教材中的内容较为零散，没有完整的知识体系，教师可以在课余时间从资源库中查询相关资料，如此不仅可以减轻自己的教学压力，还可以很好地继承中华优秀传统文化。教师也可以把从资源库中搜集到的资料逐渐讲授给学生，一方面可以扩大学生的知识存量，另一方面也会巩固自身的知识根基。并且学校也可以为思想政治教师设置一个教研组，有助于教师们彼此分享教学经验，这有助于筛选出符合学生发展水平的内容，从而提升教学效果。在开发优秀传统文化资源的同时，教师也应注意开发与教材相匹配的知识内容。例如，博物馆和遗址中的相关知识可以成为学生的学习资源，其有助于加深学生对中华优秀传统文化的理解。总而言之，教师在教学中完善中华优秀传统文化教育开发传统文化资源等相关途径。

5. 提升教师营造学习中华优秀传统文化氛围的能力

文化的影响虽然不是看得见摸得着的，但对人有着极大的影响，营造适合中华优秀传统文化传播的文化氛围，从思想上引导学生自觉树立起正确观点，有利于中华优秀传统文化在校园内开花结果。提升教师营造学习中华优秀传统文化氛围的能力，首先必须明确何为文化氛围。文化氛围实际上是一位“无形的教师”，有着无形的教育作用，在潜移默化中影响着教师与学生。班级文化是校园文化的重要组成部分，想营造适合中华优秀传统文化传承的校园文化氛围，则必须从班级文化氛围的营造入手。

一般说来，班级文化氛围的外在表现是教室的环境、各类班级建设的成果、学生之间的人际关系以及学生听课的精神风貌等，因此，各班的班主任及任课教师就是班级文化氛围营造的领航员。教师在班级中营造学习中华优秀传统文化的氛围，可以从以下方面着手。

第一，内化于心，教师提升精神修养，为班级文化氛围营造指引方向。班级文化在学生的成长道路上有着十分重要的作用，学生的大部分时间都在班级内度过，班级的文化氛围会影响他们的思想、行为，一定程度上也会影响其价值判断与价值选择。对学生发展影响最大的当属班级文化建设的核心内容——班级精神。班级文化氛围的营造都是围绕着班级精神来展开的，从而形成专属于该班的班级文化氛围。因此，班级精神的建设过程引领班级文化的发展。对教师而言，教育的目的是立德树人，想要引领学生思想精神建设的方向，就必须提升自己的精神修养水平。

首先，必须树立学习意识。积极学习马克思主义理论，从内心深处认同并树立共产主义远大理想。其次，要做到广泛涉猎，博闻强识。作为新时代的人民教师，不仅要有精湛的业务水平，同样也要具备丰富的知识。最后，善于思辨，形成自己的教育理念。世界上没有两片相同的叶子，教育学生也是一样，在教育过程中，切不可将别人的做法生搬硬套，一定要具体问题具体分析，善于思考，总结经验，形成符合自己教育状态的、符合学生发展成长规律的教育理念。在班级管理的过程中，教师应该始终坚持“民主平等”的理念，学生与教师是平等的关系，教师应充分给学生民主的权利，当他们的诉求能够得到满足时，他们的执行力便会提高，自主性也会更强。这种班级氛围，开始于教师态度与行为的引导，形成于学生与教师的交流，完善于学生的自主管理。

第二，外化于行，教师提升综合实践能力，为打造特色班级文化氛围开展多样活动。只是提升精神修养是不够的，还需要深入实践。对教师而言，与学生间的交互活动，是提升自身综合实践能力的重要途径，其主要表现形式便是班级活动。学生的成长是需要优秀且多样的班级活动的指引的，在活动过程中，班级精神会更加深入人心，班级凝聚力会逐步加强，整个班级的学习文化氛围会更加地向善向上，进而对学生产生积极的影响。

首先，积极组织班级参与学校活动，强化集体意识。在日常工作中我们不难发现，越是凝聚力强的班级，越是能够精诚合作、有强烈集体意识的班级，在各类活动中的表现就更优异。要想强化班级的集体意识，教师必须积极组织班级参与学校活动，在比赛中，集体意识更容易被激发。例如，各校都会举办广播操比赛、球类比赛等，除了学生的积极报名参与，更需要教师的及时组织与统筹规划，教师千万不可因为“怕麻烦”打击学生参与集体活动的积极性，集体比赛不仅对学生集体意识的强化有重要作用，对教师组织管理的综合能力的提升也意义非凡。

其次，打造班级特色活动。有什么样的班级文化，就会有什么样的班级特色。打造班级特色活动，形成特色班级，积极创新思维，这是对教师营造文化氛围提出的要求。特别是对班主任而言，需要根据实际情况，在充分掌握学生情况的基础上，设置适合学生成长的特色活动。这是对教师实践能力的考验。例如，在班级建设时，有的教师在班内设置了“情绪箱”，不论学生或教师，有什么想说却不好当面说的话，随时都可以匿名塞入箱子，每周班会课当众拆箱读情绪条，正面内容积极推广，负面情绪全班帮助排解，班级日常问题依靠集体智慧解决。这种特色活动既调动了学生的积极性，又在快乐的氛围中解决了部分棘手的班级事务，可谓事半功倍。一系列班级文化建设不仅为学生的成长提供了有利的文化环境，也是对教师精神素养与综合能力的重大提升，从而进一步推动中华优秀传统文化在合适的文化氛围中传播。

二、各阶层联动，积极讲好中国故事

（一）营造中华优秀传统文化家庭传播氛围

“家是最小国，国是千万家。”家庭是文化之源，父母是孩子的第一任教师，家长的世界观、人生观、价值观以及日常言行举止，家庭成员关系，家庭氛围程度等，对学生的文化自信的养成都具有潜移默化的影响。因此，我们要重视家庭的基础性、长久性和渗透性作用，注重家教和家风的作用，增强学生的文化自信。

其一，要注重家庭，转变文化理念。家庭是社会的细胞，家庭与国家和民族前途命运紧密相连。中华民族历来重视家庭教育，中国古代以农立国，家庭不仅具有生产和生活的功能，更具有突出的教育功能，家教文化因此成为中华民族特有的文化现象。在中国的家庭教育史上，不仅出现了“孟母三迁”“岳母刺字”等教子有方的楷模，更涌现出大量家族中的传统文化教育典范，为新时代家庭文化教育提供了理论来源。当前，仍有部分父母较少讲述、偶尔讲述甚至从未给子女讲过关于中华优秀传统文化的故事。这就需要父母自觉发挥家庭教育的引导作用，积极转变文化理念，重视改善家庭文化环境，营造适合中华优秀传统文化教育的良好氛围。要为孩子创设安静的学习环境，使其学会从中华优秀传统文化中汲取养分，可以通过选购经典文化书籍，打造家庭阅读书屋，夯实孩子的传统文化底蕴。

其二，要注重家教，父母言传身教。古人云“爱子，教之以义方”“爱之不以道，适所以害之也”。家长的行为是子女最为直接的模仿对象，能直接影响子女的价值观、道德品质与行为习惯、处事方式。如果家长都不相信中华优秀传统文化的重要作用，对中华优秀传统文化的发展前景失去信心，那么在一定程度上将不能感染子女坚定文化自信。家长应以身作则，躬行身教，积极阅读中华优秀传统文化经典，学习中华名人大家的优秀事迹，弘扬中华传统美德，并将中华优秀传统文化的思想理念落实到现实行动之中，激发孩子对传统文化的学习兴趣。还可以带孩子到图书馆、博物馆、美术馆等文化教育基地参观学习，使子女直观感受传统文化的魅力，养成与人为善、注重孝悌、勤俭节约、爱国忠诚等传统美德。

其三，要注重家风，传承优良家风文化。家风是中华优秀传统文化的重要缩影，中国传统文化强调内圣外王之道，讲求修身、齐家、治国、平天下。“国有国法，家有家规”，家长要重视发挥家规家训的教化作用，传承中华民族传统家规家训中的重要价值理念与道德要求，开展以家规家训为载体的家庭教育，倡导优良家风文化。但传统家风文化作为一种文化遗产，带有社会历史性。因此，家长在吸收中国传统家风文化中的思想精髓时，应树立正确的文化导向，剔除男尊女卑、家长独裁、封建专制等与时代发展不相适应的内容，提升子女的文化辨别能力，以适应更高层次的文化发展需要。此外，家长还应摒弃功利主义思想倾向，不能只看重孩子方成绩，过于注重物质消费，而应树立合理的家庭消费观念，加大文化消费比重，增加对传统文化教育的投入，不断提升自身文化素质和文化品位，弘扬健康向上的家风文化。

总而言之，家庭教育在行为规范和方式上都应该融入中华优秀传统文化，教育时限应当以“终身教育”为导向，而不是阶段性、初级教育；家庭教育形式也应不拘泥于“同在屋檐下”的形式，通过书信、电话、网络的形式进行优秀传统文化教育甚至比现场说教效果更优；内容上应德智体美劳全方位进行优秀传统文化的教育和影响。家庭教育应传承优秀家风，中华民族优秀家风传统中蕴含着丰富的内涵，如俭而不吝、施而不奢的治家之道，守道崇德的修身之法，等等。教师应不断提升对中华优秀传统文化的归属感，助力学校和社会育人化人。

（二）改善中华优秀传统文化社会传播氛围

习近平总书记强调：“中华优秀传统文化是中华民族的精神命脉，也是我们在世界文化激荡中站稳脚跟的坚实根基。”以中华优秀传统文化提升文化自信，就要延续好中华优秀传统文化的优良基因，通过对优秀传统文化的学习，传承传统文化之美。

号召全社会学习中华优秀传统文化。要在全社会开展优秀传统文化的普及宣传，通过建设社区文化长廊、公共场所文化屏等方式，弘扬文化知识，增强优秀传统文化认同；要提升优秀传统文化的研究实效，给予相关部门资金支持，深入开展优秀传统文化的研究与创新工作，引导全社会坚守正确的价值导向；要持续进行优秀传统文化的价值诠释，挖掘中华优秀传统文化所蕴含的民族精神与英雄精神，在全社会营造“崇拜英雄、争做英雄”的良好社会风尚，使中华优秀传统文化更具信服力。

马克思曾指出：人的本质不是单个人所固有的抽象物，在其现实性上，它是一切社会关系的总和。任何文化都是一定社会生活的产物，与社会环境密不可分。营造向上向善的社会氛围，对于坚定学生的文化自信意义重大。2022 年 2 月 4 日北京冬奥会开幕，向全世界展示了中华优秀传统文化，彰显了中华优秀传统文化的创新发展成果。透过冬奥会的开幕式和闭幕式，从二十四节气到十二生肖，从朵朵雪花到盏盏灯笼，从迎客松到折柳寄情，从共赏天上月到共向未来，激发了中华儿女强烈的民族自信心和自豪感。新时代大学生文化自信的培育，离不开社会环境的重要保障。

首先，落实文化自信培育的组织领导和政策保障。在组织建设上，要强化党的坚强有力领导，各级党委和政府要从实现中华民族伟大复兴的战略高度重视中华优秀传统文化的发展，动员社会各部门既各司其职，又相互配合，共同发力，形成社会多方面协调配合效应。在政策保障上，要强化政策导向，发挥政府主导作用，在文化自信培育方面给予高校更多资金和政策扶持，落实主体责任，加强联系交流。要健全奖惩机制，表彰传承中华优秀传统文化的优秀榜样，完善相关评价体系，定期总结中华优秀传统文化的传承和弘扬情况，扬长避短。要加强文化法治环境建设，修订文物保护相关法律法规，重视传统文化遗产传承，保护好城市特有建筑风貌与文化品质，维护历史文化名城名镇名村、历史文化街区、名人故居等文化标识。

其次，推进文化自信培育的理论宣传和实践动员。在理论上，需要加强党史国史等中华文明成果编纂，做好中华文化典籍的整理与编纂出版，强化少数民族语言文字及经典文献的整理研究和保护传承。要出版系列中华优秀传统文化经典书籍，发挥报纸、杂志、书籍等传统纸质媒体的重要作用，推广更多高质量的中华优秀传统文化读物。还要积极运用大众媒体，弘扬中华传统美德和人文精神，建设有吸引力的主题网站。依托社区组织的活动阵地，利用寒暑假和节假日开展知识竞赛、亲子游戏等，普及中华优秀传统文化知识，建设和谐社区。在实践上，要立足日常，扎根实践，引导广大文艺工作者加深并增强对中华优秀传统文化的理解和认同，善于从中提炼素材，运用现代化的艺术形式进行创造性转化和创新性表达，创作出符合时代要求的中华优秀传统文化精品。

再次，将传统文化全方位融入生产生活。要全面振兴中国传统节日，挖掘中国传统节日的文化内涵，传承地方有代表性的传统民俗文化。还可以开展关于国民礼仪的普及和宣传，传承礼仪之邦的优良传统，按照现代文明要求加以转化，使大学生在浓厚的社会氛围中增进对中华优秀传统文化的认同。

最后，拓展中华优秀传统文化的对外交流与传播渠道。中华优秀传统文化是在世界多元文化的交流碰撞中形成和发展起来的，要坚持独立自主的重要原则，铸牢中华民族的精神之魂，在此基础上兼收并蓄，促进文化交流互鉴。结合中华民族的地缘优势与人文资源优势，在“一带一路”倡议背景下，以从容自信姿态，推动中华文化与世界文化交流，在世界文化激荡中弘扬“中国风”。可以定期举办以中华优秀传统文化为主题的大学生夏令营、冬令营等国内外文化交流活动，展示中国文化，推动中国书法、国画、武术、中医、京剧、茶道、围棋、剪纸等国粹走出国门，走向世界。可以动员各国联合举办“文化年”“文化周”“中国艺术节”“民俗文化节”等大型文化品牌活动，借助网络新媒体平台推广中华优秀传统文化。还可以创新文化传播方式，依托海外中国文化中心、孔子学院等基地，开展弘扬中华优秀传统文化的博览会等主题活动，在文化交流互鉴中增强大学生的文化自信。

（三）实施全民阅读推广，宣传优秀人物故事

在现代教育中，忽视对于优秀传统文化经典的阅读，是造成传统文化认知水平不高的主要原因。在文化吸收上，通过以“浅阅读”为主要特征的网络文学、碎片化的新闻阅读、电视小说等渠道而得来的对于传统文化的认知无不存在着与正统历史并不相符的特点，即便是对于历史有较高还原度的作品，也无法取代经典作品阅读在个人认知上的特殊功效。而对经典作品的阅读也需要循序渐进，在我国古代，就特别重视学习之法，如宋代朱熹说：“读书之法，在循序而渐进，熟读而精思。”不仅在不同的年龄段，要注意书的难易程度，由易到难，而在同一年龄段，对所读之书的先后，也有讲究。例如，朱熹认为在四书中，《大学》应置于首要位置：“先读《大学》，以定其规模；次读《论语》，以立其根本；次读《孟子》，以求古人之微妙处。”可见，在今天的国学教育中，也要仔细研究各个年龄段学生对于这些经典作品阅读的章法。

弘扬优秀传统文化，一个行之有效的方法就是宣传中国古代中的优秀人物。在中国历史风云之中，人才辈出，特别是乱世之中，英雄儿女层出不穷。一部三国，书尽多少英雄的故事，这些人物所散发出来的精神，正是传统文化的要义所在，如关羽，忠心、重义，是中国传统文化中义气的象征，一直被现代人所敬仰。但是，历史人物在现代更有许多新意，关羽身上也同时具备着骄傲自大、有勇无谋的缺点，在宣传上，既要全面又要有所侧重。人无完人，有缺陷的圣人仍不失为可爱的人，将人物客观地看待，并不会损其光辉，反而会做到理性地认识，这有利于现代人的自我认知的提高。

（四）灵活运用社会力量

1. 民间机构的作用

文化传播中最好的载体在民间，民间拥有文化传播的最好渠道，近年来中华传统文化在传播上遇到的困境，和文化传播中官方的立场有很大关系。孔子学院遭遇的困境就极具代表性，在孔子学院的定位中，对外教授汉语这部分任务尽管与国务院侨办高度重叠，但也基本得到落实，教授的对象也以华侨华人为主。但是在传播中华传统文化方面并未得到根本的落实，在如何推广中国形象上，还比较空洞。反观台湾省的体现舞蹈表演团体——云门舞集，融入例如大量现代舞台、舞蹈表演元素，可吸引更多的年轻人观赏；民歌方面，宋祖英与席琳·迪翁（Celine Dion）两位歌手合作的女声二重唱《茉莉花》，引入流行歌曲唱法，曲谱改编也融入了许多流行音乐元素，令人耳目一新，获得了不同凡响的传播效果；而古筝演奏者常静与钢琴家雅尼·赫里索马里斯（Yanni Chrysomallis）合作演奏的中国民乐《金蛇狂舞》，则同样融入了雅尼新世纪音乐的元素，让这支经典曲目再度展现出迷人的魅力。这些民间机构在传播中华传统文化和中国形象方面所起的作用，远比各种官方介绍或某某领导表态管用得多。应鼓励民间机构传播中华传统文化，积极利用国内各种民营文化机构与社会团体，以民间形式进行中华传统文化的海外传播；与海外的文化研究机构、传播团体、华人协会、艺术家、权威媒体建立合作关系，拓展传播渠道、开设文化学习培训班；同时可利用公益手段进行文化推广，增强中华传统文化传播的发展动力。

2. 海外社团的作用

任何一种文化都有其保守的一个方面，它不会完全悦纳一种外来文化。中华传统文化海外传播必然会发生文化之间的碰撞，在与其他民族文化的接触中，也会产生矛盾和冲突，因此，文化传播也是一个矛盾发生和解决的过程。虽然中华传统文化可以凭借强大的国家影响力得以传播，但要真正被接受，需要与原有文化相融合，成为被接受国文化的一部分，这样才能真正使中华传统文化发挥影响力，这个过程需要充分发挥海外华人社团、华校的作用。

多年以来海外华人社团、华人在传播中华传统文化方面做出了巨大的贡献，通过他们的解释和阐释，让原有文化接受并理解中华传统文化，并融合到本土文化中。因此要继续重视与扶持海外华人社团、华人，依托当地机构引导海外华裔青少年学习中华传统文化，减少政府参与、淡化官方色彩，减少别国误解和疑虑。

第四节　个人层面：传承中华优秀传统文化

一、自媒体提升创作力，创新中华优秀传统文化内容及形式

（一）发挥民间传播者在对外文化传播中的优势

1. 培养优秀的民间传播者，确定文化传播模式

目前，中国传统文化对外传播的主体大多以官方为主，在中国传统文化对外传播的途径——文化外交、对外文化贸易、文化外宣中都能看到政府官方的身影。在政治学家约瑟夫·奈（Joseph Nye）提出“文化软实力”的概念后，世界不同国家都愈加重视文化软实力的提升。诚然，以政府官方为主导的对外文化传播模式是最适合中国国情的一种文化传播方式。以政府官方为主导的文化交流活动不仅可以提高对外输出文化的权威，更能够在国际上形成有利于中国传统文化传播的氛围。但当文化传播具有很强的意识形态时，文化传播的内容和方式往往都比较保守，而受众也会对其产生抗拒、误解、敌意等对抗情绪，这也导致传统文化的对外传播不能取得理想的效果。在保留传统“官对民”传播方式的基础上，加强“民对民”之间的交流可以有效改变这种胶着状态。

我们应当认识到传统文化的对外传播从来就不仅仅是某一个人或政府主体的责任，它是我们每一个普通民众应当担负的责任和义务。我们应该重视普通民众及民间的力量，增强民间传播者在文化传播中的力量。政府官方在承担了自身的主导责任后应当将民间传播者作为文化传播的主力军，发挥民间传播者灵活、亲切、范围广的特点，拉近与国外受众的距离。以李子柒的相关视频为例，李子柒在初期并没有传播传统文化的意识，也没有官方背书，但就是这种单纯的普通民众身份反而让李子柒在对外传播中形成了瞩目的传播效果。互联网时代的民间传播者有了更多发挥自身才能的渠道，但是自身资质优越，能够在国外形成一定传播力的民间传播者较少。李子柒成功后，不少自媒体学习其传播内容及模式，但都难以复刻李子柒的成功，这也是由于其自身文化素质还不能承担传播传统文化的重担，而李子柒之所以可以成为中国传统文化对外传播的佼佼者离不开其自身的优秀素养。一个“李子柒”并不能承担起宏大的传统文化对外传播的责任，我

们需要培养更多的优秀的民间传播者。一方面，应提高普通民众的传统文化素养和文化传播意识，进而增强他们的传统文化对外传播能力，发挥民间传播者在文化传播中的作用，让每一个人都有可能成为对外传播传统文化的代表。另一方面，我们也要看到除了国内的普通民众外，国外的留学生以及了解中国传统文化的外国人在文化传播中的作用，在传统文化对外传播主体的培养中，我们也要重视对他们的培养和熏陶，使他们成为自觉的传统文化传播者。在传统文化对外传播主体确定的基础上，我们应该确定一个灵活的文化传播模式，即以政府官方为主导，以民间传播者为主力军，充分发挥政府官方在文化传播中的主导引领作用，形成一个有利于传统文化传播的外部环境和氛围，同时提高民间传播者的素质，鼓励更多的民间传播者自觉承担起传统文化对外传播的责任，形成政府官方和民间传播者的合力，共同推动传统文化对外传播的发展。

2. 打造专业的民间传播队伍，形成传统文化传播矩阵

优秀的民间传播者固然可以提高传统文化对外传播的效果，但就个人而言，个人能力和文化涵养毕竟是有限的，短期内确实会取得不错成果，但是在长期的文化传播中并不能形成持久有效的传播效果。“尤其是随着对外文化交流不断向纵深发展，以及民间传播自身的快速发展，迫切需要一批负责对外文化交流的民间传播队伍走出国门，进行跨语言、跨国界的文化交流与传播活动。”在互联网深入发展的今天，普通民众逐渐成为传统文化对外传播的主体。所以打造专业的民间传播队伍已经成为文化传播过程中的重中之重。我国传统文化历史悠久，种类丰富，涵盖了社会生活的各个领域。截至 2022 年 8 月，我国共有国家级非遗传承人 3062 人，其中大部分的传承人年龄较大，对网络等新兴媒体比较陌生，他们虽掌握着传统技术但只能被动推广。所以我们在打造专业的传统文化对外传播者队伍时，应该摈弃传统的单一观念——单纯地依靠传统匠人的传承，我们既要保持这些传统匠人对非遗文化的传承，让他们在传统文化对外传播的过程中发挥引领作用，成为传统文化对外传播的源泉，同时，我们也要鼓励对传统文化及新兴媒体有独到见解的年轻人参与到传统文化对外传播的大队伍中，增强传统文化民间传播者队伍的活力。与此同时，面对浩如烟海的中国传统文化，我们应该有针对性地培养相对应的民间传播者队伍，制定一系列适合中国国情的文化传播模式，形成中国传统文化对外传播矩阵。坚持“术业有专攻”的理念，注重培养

和吸纳不同专业人才，支持传统文化与现代技术相结合，挖掘传统文化的现代理念，从而在国际上多维构建中国形象，推中中国传统文化走向世界。

（二）内容为王，发挥中国传统文化的优势

内容是通过自媒体方式对外传播中国传统文化的关键。“李子柒短视频”之所以能够在众多对外传播中国传统文化的自媒体中脱颖而出，一个很重要的原因就是她坚持“内容为王”。在一个“人人都是传播者”的年代，内容便是获得胜利的基础。中国传统文化体量丰富，内容众多，涉及生产生活的方方面面。所以在中国传统文化对外传播过程中我们应该坚持“内容为王”，发挥中国传统文化的优势。

1. 扎根生活，以小见大

在新媒体时代传播传统文化，如果过分迎合受众的趣味性需求而歪曲传统文化内容，就会导致传播效果差。想要复兴优秀传统文化，不应该拘泥于原有传播方式，应利用自媒体平台将传统文化推向大众视野，提高搜索精准度，为传统文化赋予更强的生命力与竞争力。文化传承要借助自媒体这股“东风”，将创作传统文化内容放在首位，明白自己的创作目的与创作定位。传统文化的传承离不开大众的关注度与兴趣点，自媒体创作者应该紧跟时代的发展，从小处着眼，从生活中寻找题材，通过记录生活的方式来吸引眼球，弘扬传统文化，适当通过流量变现获取一些内容收入，让优秀传统文化更加健康地生存下去。“李子柒短视频”的内容包括了文字、传统美食、传统服饰、传统音乐、传统节日、传统工艺、传统游戏等，内容众多，但不是单调的堆砌重复。“李子柒短视频”深深扎根于生活，展现传统美食，就从种植原料开始；展现传统服饰，就在生活中穿着；展现传统工艺，就从最基础的开始；展现传统节日，就从节前准备开始；这些内容不拘于单纯的形式展示，而是将其融入自身的传统田园生活中，持久地呈现在外国受众面前。没有严肃的说教，没有僵硬的灌输，外国受众可以自然而然地在这些视频中了解到中国的传统风俗习惯，接收到其中所蕴含的中国传统文化精神。这背后的逻辑就是所谓的“柔性传播”，即“注重挖掘隐藏在文化下的某些特质的传播边际内容，以轻柔、持久的方式潜入受众头脑，以达到春风化雨的目的”。将各种中国传统文化符号融合展现，潜移默化地将传统文化内涵传递给外国受众，这种以小见大、扎根生活的表现方式虽然不能支撑庞大严正的价值体系，但是可以

为外国受众提供一种了解中国传统文化的契机。

中国传统文化是由居住在中国地域内的中华民族所创造的一种民族文化，它历经数千年的演化而汇集成一个完整的体系，反映了民族特质和民族风貌，凝结了民族精神和民族气质，并且不断为中华民族世世代代所继承和发展。中国传统文化来自中华人民几千年生活的积淀。因此，在进行中国传统文化对外传播的内容表达时，我们要明确文化内容，扎根生活，以小见大，通过生活自然地进行表达，当传统文化和谐融入生活中时，才会拉近与外国受众的距离。尽管这种方式并不能让外国受众全面地了解中国传统文化，但可以引起他们对中国传统文化的兴趣，降低他们对中国传统文化的“敌视”态度，让他们在生活中就可以“触摸”到中国传统文化，在潜移默化中达到传播中国传统文化的目的。

2. 循序渐进，选择优秀传统文化

中国传统文化博大精深，经过两千年时光的积淀其已经涵盖了社会生活的方方面面。以儒释道为根本的中国传统哲学思想已经融入社会风俗习俗中，在不经意间展现着中国传统文化的魅力。但是面对着绚烂璀璨的中国传统文化宝库，如果不分门别类地加以细化选择，海外受众就会对众多的内容产生困惑甚至还会失去继续了解中国传统文化的兴趣。所以在中国传统文化对外传播的内容选择上，我们应该尽量做到循序渐进，先以自然有趣的部分为切入点进行传播，吸引海外受众，再分次叠加相关内容，在此基础上，潜移默化地达到预期的传播效果。以“李子柒短视频”为例，其前期的视频内容多以一种简单的美食制作为主，风格比较单一，但中后期其视频内容逐渐增多，也不再单纯地以传统美食为主，反而增加了许多传统节日、传统习俗、传统工艺等内容，甚至在近期的视频中加上了传统游戏，而且在这些视频中自然和谐地展示了我国许多优秀的传统文化习俗，达到了很好的传播效果。在对外传播过程中，我们也需要对我国传统文化进行甄别，取其精华去其糟粕。尤其是自媒体时代，每个人都可以成为传统文化的传播者，如果自媒体为了流量而对中国传统文化不加选择地随意传播，会使中国传统文化的国际印象在海外受众的心中大打折扣。这就要求自媒体们提升自身的传统文化素养，在传统文化对外传播过程中提高对内容的甄别取舍的能力。不管是对于民间传播者还是国家主体都应尽量选择经过时代和人民检验的优秀且有代表性的内容，使其能够真正成为中国传统文化在海外的符号代表。

3. 受众本位，注重满足受众需求

受众是文化传播过程的中心，受众的反馈是检验一种文化是否达到预期传播效果的重要标准。中国传统文化对外传播的目的是希望受众理解并接受中国传统文化甚至能够主动学习中国传统文化。所以在进行中国传统文化对外传播时应当重视国外受众的反馈，坚持“受众本位”，在了解国外受众心理需求或兴趣点的基础上提高内容质量，满足他们的娱乐需求、心理需求或审美需求，提高传统文化对外传播效果。在信息化社会，受众早已不是信息的被动接受者，面对琳琅满目的文化信息内容，受众当然会根据自己的需求或偏好去选择自己喜欢或者适合自己的文化内容。例如，“李子柒短视频”之所以可以取得今日的成就，一个重要原因就是其视频富含的中国传统文化满足了国外受众不同层面的心理需求。很多人都表示李子柒的视频可以缓解他们的焦虑，使他们的心灵得到片刻的放松，视频中奶奶和李子柒的互动也让他们感到温暖。因此我们在进行中国传统文化对外传播时不仅要注重受众的娱乐需求，还要注重受众心中更为深层的情感和精神需求，这也是中国传统文化能够持续传播的关键。在坚持“受众本位”时还应注意，中国传统文化对外传播的对象通常不单单指某一国家的人群，而是除我国之外不同国家、不同年龄、不同文化背景的民众。所以我们在进行中国传统文化对外传播时应尽量了解不同文化背景下人们的思维方式、审美情绪和价值观念，把握他们不同的心理特点和情感需求，以期减少文化对外传播时存在的刻板印象带来的抗拒和偏见。除了要把握国外受众的心理需求，我们还应该进行一些可以“触手可及”的文化体验。例如，汉服、传统美食、简单的传统工艺等，让传统文化不再仅仅是视频中难以触摸的“易碎品”，而是成为真正可以满足国外受众娱乐和情感需求的“必需品”。

（三）组建专业的传播人才队伍

自媒体的不断发展，对我国传统文化的传播者提出了更高的要求。传播者不仅要具有更高的素质，还要有更高的创新能力。传播者可以根据市场发展状况，积极主动学习最新的传播方法和技术，提高信息传播的速度与质量，满足人们不同的信息需求。要更加注重对信息传播者传统文化的培养，使其具备更高的文化素养，如可以设置相关课程，采用一些激励手段，调动传播者学习传统文化的积极性，加强其对传播我国传统文化工作重要性的认识。例如，管理部门可以运用线上线下相结合的方式，对传播者进行培训，以提高他们的专业素养与业务能力。此外，有关部门还要加强对媒体行业的内容监测，要坚决抵制不良文化的传播。在自媒体背景下，要积极地利用自媒体的优势传播我国优秀的传统文化，为人们提供更专业的传统文化知识，做好传播传统文化的工作。在自媒体中融入我国传统文化，不仅可以让传统文化传播得越来越好，还能满足人们对文化的不同需求，进而对人们的思维和行为产生积极的影响。

（四）创新传播方式，发挥自媒体的优势

我国在传统文化对外传播的方式上大多以文字传播或影视传播为主，政府官方参与举办的各种文化活动多是针对某一特定的群体，不能突破阶层、年龄、文化背景等限制形成大范围的传播效果。文学作品或影视作品往往是在中国国内深受欢迎形成一定的传播效果后才会着手向海外传播，但这些作品往往需要二次编码，这不仅需要大量的时间，如果在二次编码时出现词不达意等情况就会使得对外传播效果大打折扣。另外，这种方式也是一种被动传播，被外力推动产生。所以我们要创新对外传播方式，掌握传播主动权，在原有的传播方式上，充分了解国外受众的心理特点、情感需求及媒介使用习惯，多使用国外受众习惯的文化传播方式，避免造成文化传播过程中的误解、刻板印象、对抗性解读等问题。

目前，自媒体已经成为新媒体的主要传播方式。相比于纸质媒体、电视媒体等传统媒体自媒体，准入门槛低、使用主体多元、传播速度快、具有很强的互动性。尤其是自媒体可以突破传统媒体单一的信息传播方式，实现了自媒体与受众之间的双重反馈，使自媒体的传播内容可以极大满足受众的心理需求和期待。短视频是一种新型视频形式，其视频时长控制在合理范围内，短小精悍，一分一秒都是精华表达。尤其是在网络时代，短视频可以突破时间、空间、文化背景的限制并通过社交媒体传递到世界各地。“李子柒短视频”的“一物一生”系列便是利用短视频的这种特点将不同蔬菜作物的一生在二十分钟内向受众展现出来，其中还包括了个人生活场景等其他内容，吸引了众多不同国家的群众。由此可以看出短视频这种网络传播方式可以高效地进行文化传播，能够克服传统媒体方式在文化传播中的各种困难，极大提升了文化传播效果。短视频在当前社会具有很大

的发展价值，它的短小精悍极大满足了现代社会上人们碎片化的阅读习惯，社交媒体的存在也让视频传播得更加广泛。因此，中国传统文化的对外传播可以利用短视频这种新型视频形式将更多的文化内容传呈现在国外民众面前。在“人人都是自媒体”的今天，我们可以在培养更多优秀民间传播者的基础上，让他们通过这种新媒体方式将中国传统文化通过视听化方式传递给国外民众，发挥自媒体短视频的传播优势。

二、广大公民自觉增强文化认同，树立文化自信

文化自信是最深沉、最长久的自信。这是对中华优秀传统文化自信最根本的论述，它是维系中华儿女情感的精神纽带，更是中华优秀传统文化的精神记忆。中国现代历史学家钱穆在《民族与文化》中指出：中华民族不仅能创造出一套优秀的文化，而他们所创造的那一套文化，又能回头来融凝此民族，使此民族逐步绵延扩展，日久日大，以立于不败之地，这就是我中华民族之特质，亦即是我中华文化之特质。只有充分融合多元化的世界文明元素，互鉴互通，取长补短，才能推动中华文化不断创新发展，从而在国际社会中站稳脚跟。为了做好这一伟大工程，不仅需要加强中华传统文化对外传播的顶层设计，而且需要社会公众和全世界华夏儿女自觉提高传播意识。

立足于当今世界，文化的优劣对世界的影响是广泛而深刻的，先进的文化将引领世界文化潮流，占据主导地位。再加上文化对经济的能动作用，世界各国都已经认识到文化元素带动经济发展的强大能力，不得不引起我们对中华传统文化的重视和学习。

首先，加强对中华优秀传统文化的学习。注重中华文化宣传教育，继承和弘扬中华传统文化。在相关政府机构、学校、社区、企业、公共图书馆和海外孔子学院、海外中国文化中心探索建立中华传统文化教育基地，通过举办讲座、论坛、展览等活动讲解传授中华优秀传统文化，引导社会公众和海外华人华侨主动学习和了解，真正把学习中华文化贯彻到人们的工作和生活中，做到人人学中华文化，人人能讲中华文化。

其次，自觉增强文化自信。树立文化自信，不是一朝一夕就能完成的，而是一个需要长期坚持的过程。无论处于何时何地，作为中华儿女，都应该增强文化

自信，树立对中华优秀传统文化的信念、信任和信心。

最后，承担对外传播中华优秀传统文化的责任。中国政府、中国人民以及海外华人华侨都是对外传播中华优秀传统文化的主体，因此，一定要坚定文化自信，凝聚民族情感，主动担负起对外传播的责任，积极地向国外受众群体传播好中华优秀传统文化。

三、大学生增强创新意识，实现使命担当

新媒体视域下，优秀传统文化不能只停留于认知，而是要落实在实践中，达到知行合一。大学生是传播优秀传统文化的重要力量，需要树立传承传统文化的意识，认识到传播中华优秀传统文化在新时代的意义和价值。大学生接受过扎实的基础教育，具备较高文化水平，而且在大学的专业学习中有专攻方向。因此大学生是能够将传统文化和自身专业相融合的主体。例如，文学专业可以编辑传统文化相关书籍、旅游专业可以设计“重温古迹”旅游路线、新闻与传播专业可以制作传统文化相关视频、软件专业可以设计相关 APP 等，让传统文化在各学院各专业中遍地开花，在与各专业的结合中得到继承和发展。

近几年的大学生挑战杯比赛、大学生创新创业大赛、大学生职业规划大赛等创新实践比赛广受大学生青睐，参与度不断上升。优秀传统文化的传播可以借助大型创新实践赛事，鼓励大学生以专业特色为基础，以传统文化为主题，肩负传播、弘扬优秀传统文化使命，实现“专业特色＋创新实践”的青年担当。

参 考 文 献

[1] 栾文莲．交往与市场：马克思交往理论研究 [M]. 北京：社会科学文献出版社，2000.

[2] 匡文波．手机媒体概论 [M]. 北京：中国人民大学出版社，2006.

[3] 朱银端．网络道德教育 [M]. 北京：社会科学文献出版社，2007.

[4] 李海彬．中国文化的复兴之路：中国文化现代化转型的哲学思考 [M]. 北京：学苑出版社，2008.

[5] 匡文波．手机媒体：新媒体中的新革命 [M]. 北京：华夏出版社，2010.

[6] 黄传武．新媒体概论 [M]. 北京：中国传媒大学出版社，2013.

[7] 谭天．新媒体新论 [M]. 广州：暨南大学出版社，2013.

[8] 雷蒙·威廉斯．关键词：文化与社会的词汇 [M]. 刘建基，译．北京：生活·读书·新知三联书店，2016.

[9] 爱德华·希尔斯著．论传统 [M]. 傅铿，吕乐，译．上海：上海人民出版社，2009.

[10] 庞朴．忧乐圆融：中国的人文精神 [M]. 上海：上海教育出版社，2020.

[11] 张良驯，周雄，刘胡权．当代青少年中华优秀传统文化教育研究 [M]. 北京：北京理工大学出版社，2015.

[12] 章慧蓉，郭立，杨静．开启创新之门：创新人才素质教育与实践 [M]. 北京：冶金工业出版社，2016.

[13] 张绍元，李晓慧．文化自信：中华优秀传统文化核心思想理念读本 [M]. 北京：中国言实出版社，2017.

[14] 彭锡钊，王振江，于颖．我国传统文化与学校思想政治教育 [M]. 北京：九州出版社，2017.

[15] 刘明洋．转化与发展：走进新时代的中华优秀传统文化 [M]. 济南：山东人民出版社，2018.

[16] 向秀清，黄迎春．中国传统文化与艺术欣赏[M]. 重庆：重庆大学出版社，2018.
[17] 张薇，付欣．我国传统文化与思想政治教育的融合创新研究[M]. 西安：西北工业大学出版社，2018.
[18] 汪受宽，屈直敏．中华优秀传统文化精要[M]. 兰州：甘肃人民出版社，2018.
[19] 韩晓燕．新媒体环境下优秀传统文化传播机制研究[M]. 北京：经济日报出版社，2019.
[20] 张玲菲，孙峰岩，吴莎．新媒体环境下传统文化对大学生素质教育作用的研究[M]. 长春：吉林文史出版社，2019.
[21] 年仁德，戴淑贞，杨麦姣．高校中华优秀传统文化教育的设计与规划[M]. 北京：知识产权出版社，2019.
[22] 杨朝晖，段玥婷．全球化背景下中华优秀传统文化与大学生思想政治教育的融合研究[M]. 天津：天津人民出版社，2019.
[23] 张忠纲．中华优秀传统文化[M]. 济南：山东文艺出版社，2019.
[24] 赵坤．中华优秀传统文化当代价值[M]. 桂林：广西师范大学出版社，2019.
[25] 宋眉，俞晓群，吴刚．传统文化艺术资源的当代转化[M]. 杭州：浙江大学出版社，2019.
[26] 张星，李菊梅．中华优秀传统文化视野中的艺术、设计与非遗[M]. 昆明：云南大学出版社，2021.
[27] 李宗桂．试论中华优秀传统文化的内涵[J]. 学术研究，2013（11）：35-39.
[28] 吴凡，宋金刚．中华优秀传统文化与新媒体融合探究[J]. 教育现代化，2016，3（39）：318-319.
[29] 戴砚亮．中国传统文化在新媒体语境下的应用与传播研究[J]. 艺术科技，2018，31（03）：70.
[30] 马楠楠．新媒体时代大学生传统文化素养的缺失与培养[J]. 今传媒，2018，26（09）：143-146.
[31] 吴尚卓．新媒体环境下传统文化与高校校园文化建设的融合路径分析[J]. 青春岁月，2018（13）：115.

[32] 张玲．新媒体时代传统文化传播的机遇与挑战 [J]. 传播力研究，2018，2（04）：27–28.

[33] 孙海钰．新媒体音乐当中我国传统文化的运用现状研究 [J]. 大众文艺，2018，447（21）：149–150.

[34] 赵明明．新媒体环境下中华传统文化的传承与推广 [J]. 国际公关，2019，89（05）：226.

[35] 赵卓伦．新媒体视域下中华传统文化精神的困境与适应性重塑 [J]. 中国社会科学院研究生院学报，2019，230（02）：81–87.

[36] 姜晓秋．新媒体环境下传统文化植入广告的新路径 [J]. 今传媒，2020，28（10）：95–97.

[37] 张晓梅．新媒体视角下中国传统文化传播的策略 [J]. 汉字文化，2020（S1）：135–137.

[38] 林喆．新媒体时代中国传统文化传播的机遇与挑战 [J]. 传媒论坛，2020，3（08）：127–128.

[39] 刘鑫．新媒体时代传统文化传播的机遇与挑战 [J]. 中国新通信，2021，23（08）：141–142.

[40] 林昱萱．新媒体时代传统文化传播途径 [J]. 传媒论坛，2021，4（05）：122–123.